Disney

# 겨울왕국 II

# 독자의 1초를 아껴주는 정성!

세상이 아무리 바쁘게 돌아가더라도
책까지 아무렇게나 빨리 만들 수는 없습니다.
인스턴트 식품 같은 책보다는
오래 익힌 술이나 장맛이 밴 책을 만들고 싶습니다.

길벗이지톡은 독자여러분이
우리를 믿는다고 할 때 가장 행복합니다.
나를 아껴주는 어학도서,
길벗이지톡의 책을 만나보십시오.

독자의 1초를 아껴주는

정성을 만나보십시오.

미리 책을 읽고 따라해본 2만 베타테스터 여러분과
무따기 체험단, 길벗스쿨 엄마 2% 기획단,
시나공 평가단, 토익 배틀, 대학생 기자단까지!
믿을 수 있는 책을 함께 만들어주신 독자 여러분께 감사드립니다.

---

홈페이지의 '독자마당'에 오시면
책을 함께 만들 수 있습니다.

(주)도서출판 길벗 www.gilbut.co.kr
길벗 이지톡 www.gilbut.co.kr
길벗 스쿨 www.gilbutschool.co.kr

## mp3 파일 다운로드 무작정 따라하기

이지톡 홈페이지 (www.gilbut.co.kr) 회원 (무료 가입) 이 되면 오디오 파일 및 관련 자료를 다양하게 이용할 수 있습니다.

**1단계**  로그인 후  도서명▼ [_____]  검색  에 찾고자 하는 책이름을 입력하세요.

**2단계**  검색한 도서로 이동하여 〈자료실〉 탭을 클릭하세요.

**3단계**  mp3 및 다양한 서비스를 받으세요.

30장면으로 끝내는

# 스크린 영어회화

DISNEP
**겨울왕국 II**

# 스크린 영어회화 – 겨울왕국 II
Screen English - Frozen II

**초판 1쇄 발행** · 2020년 4월 30일
**초판 3쇄 발행** · 2022년 1월 7일

**해설** · 라이언 강
**발행인** · 이종원
**발행처** · (주)도서출판 길벗
**브랜드** · 길벗이지톡
**출판사 등록일** · 1990년 12월 24일
**주소** · 서울시 마포구 월드컵로 10길 56(서교동)
**대표 전화** · 02)332-0931 | **팩스** · 02)323-0586
**홈페이지** · www.gilbut.co.kr | **이메일** · eztok@gilbut.co.kr

**기획 및 책임 편집** · 신혜원 | **표지 디자인** · 최주연 | **본문 디자인** · 조영라
**제작** · 이준호, 손일순, 이진혁 | **마케팅** · 이수미, 장봉석, 최소영 | **영업관리** · 김명자, 심선숙 | **독자지원** · 홍혜진

**편집진행** · 오수민 | **전산편집** · 조영라 | **오디오 녹음 및 편집** · 와이알 미디어
**CTP 출력** · 예림인쇄 | **인쇄** · 예림인쇄 | **제본** · 예림바인딩

▶ 잘못 만든 책은 구입한 서점에서 바꿔 드립니다.
▶ 이 책은 저작권법에 따라 보호받는 저작물이므로 무단전재와 무단복제를 금합니다.
　이 책의 전부 또는 일부를 이용하려면 반드시 사전에 저작권자와 (주)도서출판 길벗의 서면 동의를 받아야 합니다.
▶ 책 내용에 대한 문의는 길벗 홈페이지(www.gilbut.co.kr) 고객센터에 올려 주세요.

**ISBN**　979-11-6521-000-7 03740 (길벗 도서번호 301018)

▶ 이 도서의 국립중앙도서관 출판예정도서목록(CIP)은 서지정보유통지원시스템 홈페이지(http://seoji.nl.go.kr)와
　국가자료종합목록 구축시스템(http://kolis-net.nl.go.kr)에서 이용하실 수 있습니다. (CIP제어번호: CIP2019048604)

정가 18,000원

**독자의 1초를 아껴주는 정성 길벗출판사**

**길벗** | IT실용서, IT/일반 수험서, IT전문서, 경제경영서, 취미실용서, 건강실용서, 자녀교육서
**더퀘스트** | 인문교양서, 비즈니스서
**길벗이지톡** | 어학단행본, 어학수험서
**길벗스쿨** | 국어학습서, 수학학습서, 유아학습서, 어학학습서, 어린이교양서, 교과서

**페이스북** · www.facebook.com/gilbuteztok
**네이버 포스트** · http://post.naver.com/gilbuteztok
**유튜브** · https://www.youtube.com/gilbuteztok

30장면으로 끝내는

# 스크린 영어회화

**Disney**
## 겨울왕국 II

해설 라이언 강

길벗
이지:톡

# 재미와 효과를 동시에 잡는 최고의 영어 학습법!
# 30장면만 익히면 영어 왕초보도 영화 주인공처럼 말한다!

## 재미와 효과를 동시에 잡는 최고의 영어 학습법!

영화로 영어 공부를 하는 것은 이미 많은 영어 고수들에게 검증된 학습법이자, 많은 이들이 입을 모아 추천하는 학습법입니다. 영화가 보장하는 재미는 기본이고, 구어체의 생생한 영어 표현과 자연스러운 발음까지 익힐 수 있기 때문이죠. 잘만 활용한다면, 원어민 과외나 학원 없이도 살아있는 영어를 익힐 수 있는 최고의 학습법입니다. 영어 공부가 지루하게만 느껴진다면 비싼 학원을 끊어놓고 효과를 보지 못했다면, 재미와 실력을 동시에 잡을 수 있는 영화로 영어 공부에 도전해보세요!

## 영어 학습을 위한 최적의 영화 장르, 애니메이션!

영화로 영어를 공부하기로 했다면 영화 장르를 골라야 합니다. 어떤 영화로 영어 공부를 하는 것이 좋을까요? 슬랭과 욕설이 많이 나오는 영화는 영어 학습에는 별로 도움이 되지 않습니다. 실생활에서 자주 쓰지 않는 용어가 많이 나오는 의학 영화나 법정 영화, SF영화도 마찬가지죠. 영어 고수들이 추천하는 장르는 애니메이션입니다. 애니메이션에는 문장 구조가 복잡하지 않으면서 실용적인 영어 표현이 많이 나옵니다. 또한 성우들의 깨끗한 발음으로 더빙 되어있기 때문에 발음 훈련에도 도움이 되죠. 이 책은 디즈니의 〈겨울왕국 II〉 대본을 소스로, 현지에서 사용하는 생생한 표현을 배울 수 있습니다.

## 전체 대본을 공부할 필요 없다! 딱 30장면만 공략한다!

영화 대본도 구해놓고 영화도 준비해놨는데 막상 시작하려니 어떻게 공부를 해야 할 지 막막하다고요? 영화를 통해 영어 공부를 시도하는 사람은 많지만 좋은 결과를 봤다는 사람을 찾기는 쉽지 않습니다. 어떻게 해야 효과적으로 영어를 공부할 수 있을까요? 무조건 많은 영화를 보면 될까요? 아니면 무조건 대본만 달달달 외우면 될까요? 이 책은 시간 대비 최대 효과를 볼 수 있는 학습법을 제시합니다. 전체 영화에서 가장 실용적인 표현이 많이 나오는 30장면을 뽑았습니다. 실용적인 표현이 많이 나오는 대표 장면 30개만 공부해도, 훨씬 적은 노력으로 전체 대본을 학습하는 것만큼의 효과를 얻을 수 있죠. 또한 이 책의 3단계 훈련은 30장면 속 표현을 효과적으로 익히고 활용하는 데 도움을 줍니다. ❶ 핵심 표현 설명을 읽으며 표현에 대한 전반적인 이해를 하고 ❷ 패턴으로 표현을 확장하는 연습을 하고 ❸ 확인학습으로 익힌 표현들을 되짚으며 영화 속 표현을 확실히 익히는 것이죠. 유용한 표현이 가득한 30장면과 체계적인 3단계 훈련으로 영화 속 표현들을 내 것으로 만드세요!

이 책은 스크립트북과 워크북, 전 2권으로 구성되어 있습니다. 이 책은 스크립트북으로 전체 대본과 번역, 주요 단어와 표현 설명이 포함되어 있습니다. 각 Day마다 가장 실용적인 표현이 많이 나오는 장면이 표시되어 있습니다. 이 장면을 워크북에서 집중 훈련합니다.

### 엘사 Elsa

아렌델의 여왕. 어려서부터 남들과 다른 자신의 특별한 능력 때문에 쉽지 않은 인생을 살아왔던 그녀에게 미지의 세계로부터 신비한 목소리가 들려옵니다. 그 목소리를 따라 그녀는 과거의 진실을 찾아 나섭니다.

### 안나 Anna

아렌델의 공주. 엘사의 여동생으로 언니를 함께라면 뭐든지 할 수 있고, 언니를 구하기 위해서라면 목숨까지 내던질 수 있는 열혈 여장부입니다. 언니처럼 특별한 능력은 없지만, 위기 대처 능력은 세상에서 둘째라면 서러울 정도이죠.

### 올라프 Olaf

엘사가 마법으로 생명을 불어넣어 만든 눈사람으로 1편에서 뜨거운 여름날에 대한 동경과 환상을 가지고 있던 그는 2편에서는 나이가 들면 세상을 다 이해할 수 있을 거라며 빨리 어른이 되고 싶어 합니다.

### 크리스토프 Kristoff

안나에게 하루라도 빨리 청혼하고 싶어서 안달이 난 그이지만 로맨틱하게 사랑을 고백하는 일엔 아직 서투네요. 크리스토프가 숲속에서 부르는 80년대 뮤직비디오 스타일의 사랑 노래가 압권입니다.

### 스벤 Sven

크리스토프의 순록으로 크리스토프가 안나에게 고백을 못해 힘들어할 때 옆에서 들어주고 위로해주는 친구 같은 존재죠. 말할 수는 없지만, 크리스토프와는 눈빛만으로도 통한답니다.

## 차례

# Enchanted Forest
마법의 숲

🎧 01.mp3

OPEN ON SNOWFLAKES
The flakes **flurry** down to a snow-covered forest and the back of a snowman.

눈송이가 날리면서 시작된다
눈으로 뒤덮인 숲과 눈사람 뒤로 눈송이들이 날린다.

**KING AGNARR** (O.S.) Anna, Elsa!

아그나르 왕 (화면 밖) 안나, 엘사!

**IDUNA** (O.S.) Bedtime soon!

이두나 (화면 밖) 이제 잠자리에 들 시간이야!

A child's hand **sweeps in**; the snowman is toy-sized. The hand turns the snowman around to reveal a scary, snow goblin face.

한 아이의 손이 불쑥 들어온다: 눈사람이 장난감 크기다. 아이의 손이 눈사람을 돌리자 무섭게 생긴 눈 도깨비의 얼굴이 나타난다.

INT. YOUNG ANNA AND YOUNG ELSA'S BEDROOM – NIGHT
YOUNG ANNA (5) and YOUNG ELSA (8) sit in a mini forest made out of Elsa's magic snow. Anna holds up ice toys of a princess and the snow goblin.

내부. 어린 안나와 어린 엘사의 침실 – 밤
어린 안나(5세)와 어린 엘사(8세)가 엘사의 마법 눈으로 만든 작은 숲 안에 있는다. 안나가 얼음으로 만든 공주와 눈 도깨비를 들어 올린다.

**YOUNG ANNA** Uh oh. The princess is trapped in the snow **goblin's evil spell**. Quick, Elsa, make a prince. A fancy one.

어린 안나 오 이런. 공주가 눈사람 도깨비의 사악한 주술에 걸렸네. 엘사, 어서 왕자를 만들어 줘. 엄청 멋진 왕자님으로.

Elsa **swirls** her hands and magically makes a toy prince out of snow. Anna grabs it.

엘사가 마법으로 양손을 빙빙 돌리며 눈으로 장난감 왕자를 만든다. 안나가 왕자 인형을 잡는다.

**YOUNG ANNA** Oh, no, the prince **is trapped**, too. (as the Prince) **Who cares about danger when there's love!**❶

어린 안나 오, 안 돼. 왕자도 주술에 걸렸네. (왕자 목소리로) 사랑이 있는데 위험 따위가 무슨 대수겠소!

Anna slams the Princess and Prince's faces together, making **over-the-top** kissy sounds.

안나가 공주와 왕자의 얼굴을 서로 쾅 맞대며 과장되게 키스하는 소리를 낸다.

**YOUNG ELSA** (**grossed out**) Oh, Anna. Bleh.... Kissing won't save the forest.

어린 엘사 (역겨워하며) 오, 안나. 으웩… 키스한다고 숲이 구해지진 않아.

---

flurry 눈보라, 돌풍, 눈발이 날리다
sweep in 엄습하다, 우하고 몰려오다
goblin (동화 속의) 도깨비, 악마
evil spell 사악한 주술/마술
swirl 빙빙 돌다, 소용돌이치다
be trapped (위험한 장소, 궁지에) 갇히다
over-the-top 과장된, 지나친
gross out ~을 역겹게 하다

❶ **Who cares about danger when there's love!**
사랑이 있는데 위험 따위가 무슨 상관이야!
Who cares로 시작하는 문장은 상대방에게 어떤 일에 대해서 그런 건 어찌 되건 전혀 상관이 없다는 반응을 보이며 쓰는 구어체적 표현이에요. '그런 걸 뭐하러 신경 써?', '뭐 별것도 아닌 일에 신경 쓰고 그래?'와 같은 말투지요. 짧게 Who cares! 라고만 쓸 수 있어요.

Anna laughs, **getting a kick out of** herself, as their father, KING AGNARR (30s), steps into the **doorway**, smiles as he watches the girls play.

안나가 놀이를 즐기며 웃는데, 이때 그들의 아버지인 아그나르 왕(30대)이 문으로 들어서며 딸들이 노는 모습을 보고 미소 짓는다.

**YOUNG ELSA**  (grabbing an ice elephant and giraffe) The lost fairies cry out! (making an elephant sound) What sound does a giraffe make..? Never mind...

어린 엘사 (얼음 코끼리와 기린을 잡고) 길 잃은 요정들이 외치고 있어! (코끼리 소리를 낸다) 근데 기린은 어떻게 울지…? 일단 그건 됐고…

Anna shrugs. Elsa **shrugs**. Elsa gives up, drops the giraffe and makes a toy fairy with her magic.

안나가 어깨를 으쓱한다. 엘사도 으쓱한다. 엘사가 포기하고 기린을 바닥에 내려놓고 그녀의 마법으로 장난감 요정을 만든다.

**YOUNG ELSA**  They wake the fairy queen, who **breaks the spell** and saves everyone!

어린 엘사 얘네들이 요정 여왕님을 깨워서 여왕님이 주술을 깨고 모두를 구해 주네!

Elsa throws the fairy across the mini-forest. It **knocks over** the snow goblin, Anna **scoops up** as many ice toys as she can **fit in** her arms.

엘사가 장난감 숲을 가로질러 요정을 던진다. 요정이 눈 도깨비를 쓰러뜨리고, 안나는 자신의 팔에 들 수 있는 최대한 많은 얼음 장난감들을 퍼 올린다.

**YOUNG ANNA**  And they all get married.

어린 안나 그리고 그들은 모두 결혼할 거야.

**KING AGNARR**  What are you playing?

아그나르 왕 너희들 무슨 놀이하는 거니?

**YOUNG ANNA**  **Enchanted** forest.

어린 안나 마법의 숲 놀이요.

Their mother, QUEEN IDUNA (30s), comes into the room.

그들의 어머니, 이두나 왕비(30대)가 방으로 들어온다.

**KING AGNARR**  Hm. **That's like no enchanted forest I've ever seen.** ❶

아그나르 왕 흠. 내가 봤던 마법의 숲과는 너무 다른데.

Iduna shoots him a curious look— what's he going with this?

이두나가 호기심 어린 눈으로 그를 힐끗 본다— 무슨 얘기를 하려고 이러는 거지?

**바로 이장면!** *

**YOUNG ELSA**  You've seen an enchanted forest?

어린 엘사 마법의 숲을 본 적이 있어요?

**YOUNG ANNA**  Wait, what?

어린 안나 잠깐, 뭐라고요?

get a kick out of ~이 재미있다
doorway 출입구
shrug 어깨를 으쓱하다
break the spell 마법을 깨뜨리다
knock over ~을 치다, 때려눕히다
scoop up 퍼/뜨/주워 담다
fit in ~이 들어갈 공간을 만들다
enchanted 마법에 걸린, 황홀해 하는

❶ **That's like no enchanted forest I've ever seen.**
내가 봤던 마법의 숲은 전혀 그런 모습이 아닌데.
That's like는 구어체에서 '~와 같다'는 의미로 많이 쓰는 표현이에요. 뭔가 묘사하거나 비유를 들어 설명할 때 자주 쓰이죠. That's like no 부분은 That's different from '~와 다르다'는 의미로 쓰인 것이랍니다.

**KING AGNARR**   I have.... Once.

Anna stands up, hands on hips, **scolding**.

**YOUNG ANNA**   And you've never told us this before?

**KING AGNARR**   Well, I could tell you now, if—

The girls hop and roll onto Elsa's bed before Agnarr can even finish his sentence.

**YOUNG ELSA & YOUNG ANNA**   Okay! Tell us now!

Iduna **meets Agnarr's eyes**.

**IDUNA**   Are you sure about this?

**KING AGNARR**   **It's time they know.**❶

Agnarr and Iduna sit on the bed with the girls.

**YOUNG ANNA**   (whispering to Elsa) Let's make a big snowman later.

**KING AGNARR**   If they can **settle** and listen. Anna.

Anna **stiffens up** and **holds her breath**. Elsa copies her. Agnarr **delights** in their **eagerness**.

**KING AGNARR**   **Far away**, as north as we can go, stood a very old and very enchanted forest. But its magic wasn't that of goblin spells and lost fairies.

아그나르 왕   있지… 한 번.

꾸짖듯 안나가 일어서서 엉덩이에 양손을 얹는다.

어린 안나   그런데 여태까지 우리한테 말씀을 안 해 주셨다는 거예요?

아그나르 왕   뭐, 지금 하면 되지 않을까. 괜찮다면—

아그나르가 말을 끝마치기도 전에 아이들이 엘사의 침대 위로 깡충 뛰어올라 뒹군다.

어린 엘사와 어린 안나   좋아요! 지금 당장 말해 주세요!

이두나가 아그나르와 눈을 마주친다.

이두나   정말 하시려고요?

아그나르 왕   얘네들도 알 때가 됐소.

아그나르와 이두나가 아이들과 함께 침대에 앉는다.

어린 안나   (엘사에게 속삭이며) 나중에 큰 눈사람 만들자.

아그나르 왕   얘네들이 차분히 잘 듣는다면 말이지, 안나.

안나가 몸을 경직시키며 숨을 죽인다. 엘사도 똑같이 따라 한다. 아그나르가 열성적으로 들으려고 하는 딸들의 모습에 흐뭇해한다.

아그나르 왕   저 멀고 먼 북쪽 끝에 아주 오래되고 정말 매혹적인 숲이 있었지. 하지만 이 마법은 도깨비의 주술이나 길 잃은 요정들의 마법이 아니었어.

---

scold 야단치다, 꾸짖다
meet someone's eyes 눈길이 마주치다
settle 자리를 잡다, 안정되다
stiffen (up) (몸의 부위가) 경직되다, 뻣뻣해지다
hold one's breath 숨죽이다, 숨을 참다
delight in ~을 즐기다, 대단히 즐기다
eagerness 열의, 열망
far away 먼, 멀리 떨어진

❶ **It's time they know.**
그들이 알아야 할 때다.
〈It's time + 주어 + 동사〉는 '~을 할 때가 되었다'는 뜻으로 쓸 수 있는 패턴식 문장이에요. 주로 뒤에 따라오는 동사는 과거형으로 많이 쓴답니다. 예를 들어, It's time you went to bed. '이제 자야 할 시간이야' 이렇게요.

As the **tale** begins, we **focus on** the candle Agnarr holds, which **bursts into glowing** leaves.

**<u>KING AGNARR</u>** (V.O.) It was protected by the most powerful **spirits** of all... those of air, of fire, of water, and earth.

**Hand drawn representations** of the **elements** of nature **sweep** before us and **form** giant **monoliths**. The monoliths **transition** to **CG** style and stand at the **edge** of a forest.

이야기가 시작되고, 우리의 눈은 아그나르가 들고 있는 초에 초점이 맞춰지는데, 그 초가 갑자기 빛나는 잎들로 변한다.

아그나르 왕 (목소리) 그 숲은 세상에서 가장 강력한 정령들에게 보호받고 있었단다. 바람과 불, 물, 그리고 땅의 정령들에 의해 말이야.

그림으로 묘사된 자연의 성분들이 우리 앞으로 지나가며 거대한 돌기둥들이 형성된다. 돌기둥들이 컴퓨터 그래픽 스타일로 변하고 숲의 가장자리에 선다.

---

tale 이야기 (동화 같은 이야기)

focus on 초점을 맞추다

burst into ~에 난입하다, 활짝 피다

glow 빛나다, 밝게지다, 광나다

spirit 영혼, 정신, 정령

hand-drawn 손으로 그린, 삽화의

representation 묘사, 표현, 묘사한 것

element 요소, 성분

sweep 쓸다, 청소하다, 휩쓸고 가다

form 형성되다, 형성시키다

monolith 단일 암체, (고대의) 거대한 돌기둥

transition (다른 조건으로) 이행, 변환하다

CG 컴퓨터 그래픽 (= computer graphics)

edge 모서리, 가장자리

# A Gift of Peace

평화의 선물

🎧 02.mp3

EXT. NORTHULDRA FOREST – DAY
(AGNARR'S TALE) We sweep past the monoliths, through the trees.

외부. 노덜드라 숲 – 낮
(아그나르의 이야기) 카메라가 나무들 사이로 거대한 돌기둥들을 지나며 훑고 지나간다.

**KING AGNARR** (V.O.) But it was also home to the **mysterious** Northuldra people.

아그나르 왕 (목소리) 하지만 그곳은 또한 신비로운 노덜드라 사람들의 보금자리이기도 했지.

In an **encampment**, the wind dances around a YOUNG GIRL (12), the camp fire **spontaneously** lights, its **hue** a magical pink.

야영지에서 바람이 어린 소녀(12살) 주변으로 춤을 추고 마법 같은 분홍빛을 띤 모닥불이 스스로 불타오른다.

바로 이장면!*

**YOUNG ELSA** (V.O.) Were the Northuldra magical like me?

어린 엘사 (목소리) 노덜드라 사람들도 나처럼 마법을 썼나요?

SERIES OF DISSOLVES: The NORTHULDRA LEADER appears to **ride on** water.

여러 장면이 나타났다가 사라지며. 노덜드라의 족장이 물을 타고 있는 것처럼 보인다.

**KING AGNARR** (V.O.) No, Elsa. They were not magical. They just **took advantage of** the forest's gifts.

아그나르 왕 (목소리) 아니, 엘사. 그들에게 마법은 없었어. 그들은 그저 숲의 선물을 지혜롭게 이용했을 뿐이었단다.

The earth moves to help a **herder** and some **reindeer** reach **higher ground**. IN ARENDELLE, the NORTHULDRA LEADER and KING RUNEARD of ARENDELLE **shake hands**.

땅이 양치기와 순록들을 도와 높은 지대로 이동하게 한다. 아렌델에서 노덜드라의 족장과 아렌델의 루나드 왕이 만나 악수를 한다.

**KING AGNARR** (V.O.) Their ways were so different from ours, but still, they promised us **friendship**.

아그나르 왕 (목소리) 그들의 삶의 방식은 우리와는 아주 많이 달랐지만, 그래도 그들은 우리에게 우정을 약속했지.

INSIDE THE FOREST: A **time-lapse** shows a large dam as it's built across a great land **divide**.

숲속. 지속 촬영으로 두 나라를 확연하게 나누는 큰 댐을 보여준다.

---

mysterious 불가사의한, 신비스러운
encampment 야영지, 캠프장
spontaneously 자발적으로, 자연스럽게
hue 빛깔, 색조
ride on ~에 타다, 타고 가다
take advantage of ~을 기회로 활용하다
herder 양치기
reindeer 순록

higher ground 고지대, 높은 지역
shake hands 악수하다
friendship 우정
time-lapse 〈영화 용어〉 저속 촬영의
divide (집단을 구분하는) 차이점

**KING AGNARR** (V.O.) **In honor of** that, your grandfather, King Runeard, built them a **mighty** dam to strengthen their waters. It was a gift of peace.

아그나르 왕 (목소리) 그것을 기념하기 위해, 너희 할아버지인 루나드 왕이 그들의 강물을 더 강하게 해 주는 거대한 댐을 지으셨단다. 그것은 평화의 선물이었어.

Northuldra cross the dam and meet Arendellians on the other side of the dam.

노덜드라 인들이 댐을 건너서 댐의 반대편에 있는 아렌델 인들을 만난다.

**YOUNG ANNA** (V.O.) That's a big gift of peace.

어린 안나 (목소리) 그것참 엄청난 평화의 선물이네요.

YOUNG AGNARR (12) stands with his father, King Runeard, and Agnarr's **official guard**, LIEUTENANT MATTIAS (20s). King Runeard taps under his son's chin.

어린 아그나르(12살)가 아버지 루나드 왕, 그리고 아그나르의 공식 근위병 매티어스 중령(20대)과 함께 서 있다. 루나드 왕이 아들의 턱 밑을 톡 친다.

**KING AGNARR** (V.O.) And I was so honored to get to go to the forest to **celebrate** it.

아그나르 왕 (목소리) 나는 그날을 기념하기 위해 숲으로 갈 수 있게 된 것이 너무 영광스러웠지.

**KING RUNEARD** **Stand tall**, Agnarr.

루나드 왕 당당하게 서 있거라, 아그나르.

Young Agnarr stands taller, **aiming to** impress.

어린 아그나르가 깊은 인상을 남기기 위해 더욱 당당한 자세로 선다.

**KING AGNARR** But I wasn't at all prepared for what the day would bring.

아그나르 왕 하지만 나는 그날이 어떻게 흘러갈지에 대해 전혀 준비되어 있지 않았단다.

---

LATER, Arendellians and Northuldra **mingle**. Food and drink flow. Northuldra show them tricks on the back of reindeer.

잠시 후, 아렌델 인들과 노덜드라 인들이 서로 어우러진다. 음식과 음료로 넘쳐난다. 노덜드라 인들이 순록 등 위에 올라타서 묘기를 보여준다.

**KING AGNARR** (V.O.) We **let down our guard**. We were charmed. It felt so... magical.

아그나르 왕 (목소리) 우리는 경계심을 풀었어. 홀려있었던 거지. 너무... 마법 같은 분위기였지.

From Young Agnarr's POV we see:
An Arendellian rides across the water on one knee, **struggling** not to fall in. An Arendellian spins as fire jumps around her. Northuldra look on, **encouragingly**. **Boulders fly through the air** and land in a giant, perfect form of a reindeer. The **grazing** reindeer are completely **unfazed** and continue to eat.

어린 아그나르의 시점에서 본다:
아렌델 인이 한쪽 무릎을 꿇고 빠지지 않으려고 발버둥을 치며 길을 건넌다. 또 다른 아렌델 인은 불이 그녀의 주변에서 널뛰는 모습을 빙글빙글 돌며 본다. 노덜드라 인들이 격려하듯이 바라본다. 바위들이 공중에서 날아와 거대하고 완벽한 순록의 형태로 땅 위에 내려앉는다. 풀을 뜯고 있던 순록들이 전혀 동요하지 않고 계속 풀을 뜯는다.

---

in honor of ~을 기념하여

mighty 강력한, 장대한, 웅장한

official guard 공식 경호원

lieutenant (육/해/공군의) 중위/소위

celebrate 기념하다, 축하하다

stand tall 자신만만해/당당해 보이다

aim to ~하는 것을 목표로 하다

mingle 섞이다, 어우러지다

let down one's guard 경계를 늦추다

struggle 투쟁/고투하다, 몸부림치다

encouragingly 격려하여, 격려하듯이

boulder (비바람에 반들반들해진) 바위

fly through the air 공중을 날아가다

graze 풀을 뜯다, 방목하다

unfazed 동요/당황하지 않는

Young Agnarr then sees through the forest, the **silhouette** of the young girl we saw earlier in the encampment, now floating in the wind. He approaches. Suddenly the wind **whisks** the girl away, and Young Agnarr hears a **commotion**. Agnarr turns.

**KING AGNARR**  (V.O.) But something went wrong...

He sees Arendellian swords and Northuldra staffs **clash**!

**KING AGNARR**  (V.O.) They were attacking us.

Mattias **rushes** up to protect Young Agnarr.

**MATTIAS**        Get behind me.

**KING AGNARR**  It was a **brutal** battle.

Runeard **spars**, but as the camera crosses behind a tree, we reveal he is gone, having fallen off a cliff.

**KING AGNARR**  Your grandfather... was lost.

Agnarr runs towards his father, but, is forced back as—

**YOUNG AGNARR**  FATHER!

FIRE **BLAZES** IN THE TREES. SOLDIERS AND NORTHULDRA DUCK AWAY.

**KING AGNARR**  (V.O.) The fighting **enraged** the spirits. They turned their magic against us all.

Water **crashes**, the wind **rages** and boulders fly through the air, sending people **running for their lives**. A boulder lands at Agnarr's feet, **throwing** him **back**. He **knocks** his head **against** a rock. Mysteriously, Agnarr is lifted high into the air by an **unseen force**, over the raging chaos below.

그러고는 어린 아그나르가 숲속을 보는데 아까 야영지에서 보았던 어린 소녀의 실루엣이 보인다. 그녀가 바람 속에서 떠다니고 있다. 그가 다가간다. 갑자기 바람이 그녀를 휙 잡아채서 데려가 버리고, 어린 아그나르가 소동 소리를 듣는다. 아그나르가 돌아선다.

아그나르 왕 (목소리) 그런데 뭔가가 잘못됐어…

그가 아렌델 인들의 칼과 노덜드라 인들의 막대가 격투를 벌이는 것을 본다!

아그나르 왕 (목소리) 그들이 우리를 공격하고 있었어.

매티어스가 어린 아그나르를 보호하기 위해 재빨리 뛰어온다.

매티어스 제 뒤로 서십시오.

아그나르 왕 잔혹한 전투였지!

루나드가 싸우는데 카메라가 나무 뒤쪽을 비추며 그가 벼랑 아래로 떨어져 사라진 것이 보인다.

아그나르 왕 너희 할아버지는… 행방불명 되셨지.

아그나르가 그의 아버지 쪽으로 달려가려고 하지만, 뒤에서 붙잡는다—

어린 아그나르 아버지!

불이 나무들을 덮친다. 군인들과 노덜드라 인들이 몸을 피해 달아난다.

아그나르 왕 (목소리) 싸움은 정령들을 격노하게 했어. 그들은 우리 모두를 상대로 마법을 썼단다.

강물이 요동치고, 거센 바람이 불어 바위들이 하늘 위를 날아다니며 사람들을 필사적으로 도망치게 한다. 바위 하나가 아그나르의 발 앞에 떨어져서 그를 뒤로 내동댕이쳐지게 한다. 그가 땅 위에 있는 바위에 머리를 부딪친다. 불가사의하게도 아그나르는 땅에서 벌어지고 있는 대혼란 위의 하늘로 보이지 않는 힘에 의해 높이 들어 올려진다.

---

silhouette 검은 윤곽, 실루엣

whisk 재빨리/휙 가져가다/데려가다

commotion 소란, 소동

clash 충돌, 맞붙다, 격돌하다

rush 급(속)히 움직이다, 돌진하다

brutal 잔혹한, 인정사정없는

spar 치고 덤비다, 옥신각신하다

blaze 활활 타다, 이글거리다

enrage 격분하게 만들다

crash 들이받다, 부딪치다/박살 내다

rage 몹시/격렬히 화를 내다, 격노

run for one's life 필사적으로 도망치다

throw back 뒤로 기울게/젖혀지게 하다

knock against ~에 부딪치다

unseen force 눈에 보이지 않는 힘

**KING AGNARR**  (V.O.) There was this voice.

We hear an **intense**, but beautiful, **melodic CALL echoing** across the forest.

**KING AGNARR**  And someone saved me… I'm told the spirits then **vanished**.

We see a **flash of light**. The fires **go out** and the winds stop.

**KING AGNARR**  And a powerful **mist** covered the forest, **locking everyone out**.

The magical mist comes towards camera.

**아그나르 왕**  (목소리) 어떤 목소리가 들렸어.

숲 저편에서 강렬하면서도 아름다운 멜로디의 외침이 울리는 소리가 들린다.

**아그나르 왕**  그리고 누군가가 나를 구했단다… 그러고는 정령들이 사라졌다고 하더군.

섬광이 보인다. 불이 꺼지고 바람이 멈춘다.

**아그나르 왕**  강력한 안개가 숲을 덮어서, 모든 것을 삼켜 버렸지.

마법 같은 안개가 카메라 쪽으로 온다.

---

intense 강렬한, 극심한
melodic 선율의, 음악 같은
call 외침, 부르는 소리
echo 울림, 메아리, 울리다
vanish 사라지다, 없어지다
flash of light 섬광, 번쩍이는 불빛
go out (불, 전깃불이) 꺼지다/나가다
mist 엷은 안개, 박무

lock someone out 밖에 있는 사람이 안으로 들어오지 못하게 폐쇄시키다

# Only Ahtohallan Knows
아토할란만이 알고 있네

🎧 03.mp3

INT. YOUNG ANNA & YOUNG ELSA'S BEDROOM – NIGHT
We return to the candle. King Agnarr still hold it.

**KING AGNARR**  And that night, I came home King of Arendelle.

He blows out the flame. Anna and Elsa sit, **arms locked**, **eyes wide**, mouths **agape**.

**YOUNG ANNA**  Whoa, Papa, that was **epic**–

Anna **falls back dramatically** and **wraps** herself **up** in her mother's scarf.

**YOUNG ANNA**  Whoever saved you, I love them.

**KING AGNARR**  I wish I knew who it was.❶

**YOUNG ELSA**  What happened to the spirits? What's in the forest now?

**KING AGNARR**  I don't know. The mist still stands. No one can get in, and no one has since come out.

**IDUNA**  So we're safe.

**KING AGNARR**  (focusing on Elsa) Yes, but the forest could wake again, and we must be prepared for whatever danger it may bring.

Elsa looks back at him worried. Iduna puts a hand on Agnarr's arm, gives him a look that says, don't **frighten** her.

내부. 어린 안나와 어린 엘사의 침실 – 밤
다시 촛불 장면. 아그나르 왕이 여전히 촛불을 들고 있다.

아그나르 왕  그리고 그날 밤, 나는 아렌델의 왕이 되어 집으로 돌아왔단다.

그가 촛불을 끈다. 안나와 엘사가 입을 벌리고, 눈이 휘둥그레져서, 팔을 모으고 앉아 있다.

어린 안나  우와, 아버지, 엄청난 이야기네요 –

안나가 뒤로 발라당 누우며 어머니의 스카프를 두른다.

어린 안나  누가 아버지를 구했는지는 모르겠지만, 난 그들을 사랑해요.

아그나르 왕  나도 그게 누구였는지 정말 알고 싶구나.

어린 엘사  정령들은 어떻게 됐어요? 그 숲에 지금은 누가 살아요?

아그나르 왕  글쎄 그건 나도 모르겠네. 그곳은 여전히 안개에 싸여있단다. 아무도 들어갈 수도 없고, 그때 이후로는 아무도 그 밖으로 나온 적이 없지.

이두나  그래서 우린 안전하단다.

아그나르 왕  (엘사에게 집중하며) 그래, 하지만 숲이 다시 깨어날 수도 있어, 그러니 언제 닥쳐올지 모르는 위험에 대해서 우린 꼭 대비해야만 해.

엘사가 걱정스러운 표정으로 그를 바라본다. 이두나가 아그나르의 팔에 손을 얹으며 '괜히 겁주지 말아요'라는 표정으로 바라본다.

---

arms locked 팔짱을 낀
eyes wide 눈을 크게 뜬
agape (놀람, 충격으로 입을) 딱 벌리고
epic 서사시, 장대한/대단한 일
fall back 뒤로 물러서다
dramatically 극적으로
wrap up (천, 종이 등으로) 싸다
frighten 겁먹게/놀라게 만들다

❶ **I wish I knew who it was.**
그게 누군지 알면 얼마나 좋을까.
I wish 뒤에 따르는 '주어 + 동사' 절에서 동사는 꼭 현재형이 아닌 과거형이나 과거분사가 되어야 해요. 해석은 '~라면 얼마나 좋을까'라고 하면 자연스럽답니다. 예를 들어, I wish you were here. '네가 이곳에 있다면 얼마나 좋을까!' 이렇게 말하죠.

**바로 이 장면!**

| IDUNA | And **on that note**, how about we say goodnight to your father? | 이두나 | 자 여기서, 이제 아버지께 굿나잇 인사하는 게 어떨까? |

Agnarr **gets the hint**. He stands. Anna **pouts**.

아그나르가 눈치를 챈다. 그가 일어선다. 안나가 뿌루퉁하게 입을 내민다.

**YOUNG ANNA** Aw, but I still have so many questions.

**어린 안나** 에이, 하지만 아직도 물어볼 게 너무 많다고요.

**KING AGNARR** **Save** them for another night, Anna.

**아그나르 왕** 다른 날 밤을 위해서 아껴두자, 안나.

**YOUNG ANNA** You know I don't have that kind of **patience**.

**어린 안나** 제겐 그 정도의 참을성이 없다는 거 잘 아시잖아요.

King Agnarr leaves.

아그나르 왕이 나간다.

**YOUNG ANNA** (to her mother) Why did the Northuldra **attack** us anyway? Who attacks people who give them gifts?

**어린 안나** (어머니께) 그런데 노덜드라 사람들은 우리를 왜 공격한 거예요? 대체 선물을 준 사람들을 공격하는 사람이 어디 있냐고요?

**YOUNG ELSA** (O.S.) Do you think the forest will wake again?

**어린 엘사** (화면 밖) 어머니도 숲이 다시 깨어날 거라고 생각하세요?

Iduna sits on the bed, looks at her **anxious** girls. **Sighs**.

이두나가 침대에 앉으며 근심 가득한 딸들을 바라본다. 한숨을 쉰다.

IDUNA Only Ahtohallan knows.

이두나 그건 아토할란만이 알고 있지.

**YOUNG ANNA** Ahto-who-what?

**어린 안나** 아토-누구-뭐라고요?

Iduna smiles, but there's something **bittersweet** in her eyes.

이두나가 미소 짓지만, 그녀의 눈빛에는 뭔가 좋기도 하면서 슬픈 감정이 혼재되어 있다.

IDUNA When I was little, my mother would sing a song about a special river called Ahtohallan that **was said to** hold all the answers about the **past**. About what we are a part of.

이두나 엄마가 어렸을 때, 내 어머니가 아토할란이라는 특별한 강에 대한 노래를 불러 주시곤 했는데, 그 강은 과거에 대한 모든 답을 가지고 있다고 했지. 우리가 어디서 나고 자란 존재인지에 대한 그런 답을.

---

on that note 말 나온 김에, 이 시점에
get/take the hint 눈치를 채다
pout (짜증이 나서 입술이) 뿌루퉁하다
save 남겨두다, 아끼다
patience 참을성, 인내력
attack 공격하다
anxious 불안해하는, 염려하는
sigh 한숨짓다, 한숨을 쉬다

bittersweet 달콤씁쓸한, 괴로우면서도 즐거운
be said to ~하다는 말이 있다, ~하다고 한다
past 과거

**YOUNG ANNA**   (**leans** into Elsa) Whoa...

**YOUNG ELSA**   Will you sing it for us, please?

Iduna **debates** if she should. She then **nods** at Elsa and Anna.

**IDUNA**   Okay. **Cuddle** close. **Scooch** in.

어린 안나  (엘사에게 기대며) 우와…

어린 엘사  우리에게도 그 노래 불러 주시면 안 되나요? 제발요.

이두나가 잠시 고민한다. 그러더니 엘사와 안나에게 고개를 끄덕인다.

이두나  그래. 꼭 안고, 더 가까이 오렴.

The girls **nestle** into their mother's arms as she sings.

어머니가 노래를 부르고 아이들이 그녀의 품에 포근히 안긴다.

---

lean 기대다, 기울이다, 숙이다

debate 논의/토의/논쟁하다, 숙고하다

nod (고개를) 끄덕이다

cuddle (애정 표시로) 껴안다

scooch 〈비격식〉 (앉은 자세로) 조금 움직이다

nestle (아늑한, 포근한 곳에) 따뜻이 앉다/눕다

# Nothing Is Permanent

영원한 것은 없다네

🎧 04.mp3

| | | |
|---|---|---|
| **IDUNA** | WHERE THE NORTHWIND<br>MEETS THE SEA<br>THERE'S A RIVER<br>FULL OF MEMORY | 이두나 북풍이<br>바다와 만나는 곳<br>거기엔 강이 있다네<br>기억으로 가득 찬 |

Iduna rubs **the bridge of Anna's nose**, hoping to **soothe** her. Anna's eyes **immediately** start to **droop**.

이두나가 안나를 진정시키려고 그녀의 콧날을 문지른다. 안나의 눈이 곧바로 감기기 시작한다.

| | | |
|---|---|---|
| **IDUNA** | SLEEP MY DARLING<br>**SAFE AND SOUND**<br>**FOR IN THIS RIVER ALL IS FOUND** | 이두나 잘 자라 우리 아가<br>푹 편안하게<br>이 강은 모든 것을 품고 있으니 |

Young Anna is **sound asleep**, Iduna lifts her up, carries her to her own bed.

어린 안나가 푹 잠들었다. 이두나가 그녀를 들어 침대로 옮긴다.

| | | |
|---|---|---|
| **IDUNA** | IN HER WATERS<br>DEEP AND TRUE<br>**LIE** THE ANSWERS<br>AND A **PATH** FOR YOU | 이두나 그 강에는<br>깊고 진실한<br>답들이 있단다<br>그리고 너를 위한 길도 있지 |

IDUNA **tucks Anna into bed**, then returns to Elsa and lifts her into her arms. She carries Elsa to the window. Elsa **sinks into** the **comfort** of her mother.

이두나가 안나를 침대에 눕히고 이불을 덮어준 후, 엘사에게 돌아가 그녀를 팔로 들어 올린다. 그녀가 엘사를 창문 쪽으로 안고 간다. 엘사가 포근한 어머니의 품에 푹 안긴다.

| | | |
|---|---|---|
| **IDUNA** | DIVE DOWN DEEP<br>INTO HER SOUND | 이두나 깊은 곳으로 뛰어들어라<br>그녀의 소리가 들리는 곳으로 |

Iduna **dips** Elsa back.

이두나가 엘사를 아래로 젖힌다.

| | | |
|---|---|---|
| **IDUNA** | BUT NOT TOO FAR<br>OR YOU'LL BE **DROWNED** | 이두나 하지만 너무 멀리 가면 안 돼<br>잘못하면 물에 빠져 죽을 수도 있으니 |

---

the bridge of someone's nose 콧대, 콧날

soothe (마음을) 달래다

immediately 즉시, 즉각

droop (약해져서) 아래로 처지다

safe and sound 무사히, 탈 없이

for 〈문예체〉 (왜냐하면) ~니까

sound asleep 깊이 잠든

lie 놓여있다, (어떤 상태로) 있다

path (사람, 사물이 나아가는) 길, 방향

tuck a child into bed 아이를 재우려고 자리에 누이다

sink into ~으로 가라앉다, (감정에) 빠져들다

comfort 안락, 편안, 위안

dip (아래로) 내려가다, 떨어지다

drown 물에 빠져 죽다, 익사하다

Elsa giggles, and holds tighter to her mother, **adoringly**. They cuddle closer and look out the window. We **soar** away from the castle window to THE NORTHERN LIGHTS.

엘사가 키득거리며 흠모하는 표정으로 어머니를 더 꽉 껴안는다. 그들이 더 꼭 껴안고 창문 밖을 본다. 카메라가 궁전의 창문에서 하늘 위로 솟구쳐 오르며 북극광/오로라를 비춘다.

**IDUNA**  (O.S.) YES, SHE WILL SING TO THOSE WHO HEAR
AND IN HER SONG ALL MAGIC FLOWS
BUT CAN YOU BRAVE WHAT YOU MOST FEAR?
CAN YOU **FACE** WHAT THE RIVER KNOWS?

이두나 (화면 밖) 그래, 그녀는 듣는 이들에게 노래할 거야
그리고 그녀의 노래 속에 모든 마법이 흐르지
하지만 네가 가장 두려워하는 것에 용감하게 맞설 수 있니?
강이 아는 것을 마주칠 수 있겠니?

The night sky becomes day. **Autumn leaves flutter** by.

밤하늘이 아침이 된다. 가을 단풍들이 훨훨 날아간다.

**IDUNA**  (V.O.) WHERE THE NORTH WIND MEETS THE SEA

이두나 (목소리) 북풍이 바다를 만나는 곳

We follow the leaves, racing down the **fjord** towards the Arendelle castle.

카메라가 피오르를 따라 아렌델 궁전 쪽으로 쏜살 같이 날아가는 나뭇잎들을 따라가며 촬영한다.

**IDUNA**  (V.O.) THERE'S A MOTHER FULL OF MEMORY
COME MY DARLING, **HOMEWARD BOUND**

이두나 (목소리) 기억으로 가득 찬 한 어머니가 있단다
아가 집으로 돌아오렴

We arrive at the balcony of the castle, where we end on Elsa's face, looking out **longingly, curious**.

카메라가 궁전의 발코니에 다다르고, 호기심 어린 표정으로 뭔가를 갈망하며 밖을 바라보고 있는 엘사의 얼굴을 비추며 멈춘다.

**IDUNA**  (V.O.) WHEN ALL IS LOST
THEN ALL IS FOUND.

이두나 (목소리) 모든 것을 잃으면
비로소 모든 것이 찾아진다네.

EXT. PALACE BALCONY – DAY
Kai **steps out** onto the balcony, and approaches Elsa.

외부. 궁전 발코니 – 낮
카이가 발코니로 나와서 엘사에게 다가온다.

**KAI**  **Your Majesty**, they're ready.

카이 폐하, 준비되었습니다.

She **startles**. Ice **shoots** from her hands, **freezing** her fingers to the balcony **railing**. Oops.

그녀가 깜짝 놀란다. 그녀의 손에서 얼음이 발사되고 그녀의 손가락들이 발코니 난간에 얼어붙는다. 오 이런.

**ELSA**  Oh. Ha. Excuse me. I'm coming.

엘사 오, 하, 실례해요, 금방 갈게요.

---

adoringly 홀딱 반하여, 숭배/흠모하여
soar (허공으로) 솟구치다, 날아오르다
face ~을 마주 보다/향하다, (상황에) 직면하다
autumn leaves 단풍이 든 가을 나뭇잎들
flutter (빠르게) 흔들(리)다/펄럭이다
fjord (특히 노르웨이의) 피오르, 협만
homeward bound 본국행의, 귀향의, 집을 향한
longingly 갈망/열망하여, 동경하여

curious 궁금한, 호기심이 많은
step out 나가다, 자리를 잠시 비우다
Your Majesty (왕, 왕비 호칭) 폐하
startle 깜짝 놀라게 하다
shoot (총 등을) 쏘다, 발사하다
freeze 얼다, 얼리다
railing 철책, 울타리, 난간

She breaks her hands free from the ice. She goes to follow Kai. Just as she enters the castle, we hear a CALL echo down the fjords. It matches that melodic Voice that called out in the forest decades ago. ELSA turns back.

ELSA    Do you hear that?

KAI    What?

It's clear he doesn't hear it. The Voice stops.

ELSA    Never mind.

A leaf sweeps past Elsa as she steps back inside, trying to hide that she's feeling **rattled**. We leave Elsa and track the leaf across the village to—

EXT. PUMPKIN PATCH
As Anna enters a **pumpkin patch**, she breathes in the fresh autumn air. She sees something up ahead that makes her smile. The leaf sweeps past her and reveals, OLAF, who's **sunbathing amongst** the pumpkins.

그녀가 얼음에서 손을 떼어낸다. 그녀가 카이를 따라간다. 그녀가 궁전으로 들어서는 순간 피오르 아래서 울리는 외침이 들린다. 이 외침은 수십 년 전에 숲에서 울리던 그 음악 소리와 흡사하다. 엘사가 뒤를 돌아본다.

엘사    저 소리 들리세요?

카이    무슨 말씀이신지?

확실히 이 소리가 그의 귀에는 들리지 않는다. 노랫소리가 멈춘다.

엘사    아무것도 아니에요.

엘사가 난처한 감정을 숨기려고 애쓰며 다시 안으로 들어설 때 나뭇잎 하나가 그녀의 옆을 스치고 지나간다. 카메라가 엘사를 벗어나서 마을을 가로지르며 날아가는 나뭇잎을 따라간다—

외부. 호박 농장
안나가 호박 농장으로 들어오면서 신선한 가을 공기를 들이마신다. 그녀를 미소 짓게 하는 뭔가가 앞에 보인다. 나뭇잎이 그녀의 옆을 스치고 지나자 호박들 가운데에서 일광욕을 즐기고 있는 올라프의 모습이 드러난다.

바로 이장면!*

ANNA    Enjoying your new **permafrost**, Olaf?

OLAF    I'm just **living the dream**, Anna. Oh, **how I wish this could last forever!**❶

ANNA    (taking in the sunshine) Mmm.

The leaf flutters in front of Olaf. He grabs it.

OLAF    And yet change **mocks** us with her beauty.

ANNA    What's that?

안나    새로운 영구 동토층을 즐기는 거야, 올라프?

올라프    내가 꿈꾸던 삶을 누리고 있는 중이야, 안나. 오, 이게 영원토록 계속될 수 있다면 정말 얼마나 좋을까!

안나    (햇살을 만끽하며) 음.

나뭇잎이 올라프 앞으로 훨훨 날아든다. 그가 나뭇잎을 잡는다.

올라프    하지만 변화가 그녀의 아름다움으로 우리를 비웃네.

안나    그게 무슨 말이야?

rattled 〈구어〉 난처한, 낭패인
pumpkin patch 호박 농장
sunbathe 일광욕을 하다
amongst ~에 둘러싸인, ~중/사이에 (= among)
permafrost 영구 동토층 (땅속이 언 지대)
live the dream 꿈을 실현시키다
mock 놀리다, 조롱하다

❶ **How I wish this could last forever!**
이것이 영원히 계속될 수 있다면 정말 얼마나 좋을까!
I wish는 이루어지기 힘든 일에 대한 희망을 말하며 '~이면/하면 얼마나 좋을까'라는 뜻으로 쓰는데, 그 앞에 How를 넣으면 희망의 감정이 더욱 강조되어서 '~이면/하면 정말 얼마나 좋을까!'라는 뜻이 된답니다.

| | |
|---|---|
| **OLAF** | Forgive me, **maturity** is making me **poetic**. Tell me, you're older and **thus all-knowing**; do you ever worry about the **notion** that nothing is **permanent**? |
| **ANNA** | Ahhh... no. |
| **OLAF** | Really? Wow, I can't wait until I'm **aged** like you, so I don't have to worry about important things. |

올라프 미안, 성숙함이 나를 시적으로 만드네. 말해 봐, 너는 어른이고 이제 모든 것을 다 알 테니; 그 어떤 것도 영원할 수 없다는 관념에 대해서 걱정해 본 적은 없니?

안나 아아... 아니.

올라프 정말? 우와, 정말 나도 빨리 너처럼 어른이 되었으면 좋겠다. 그러면 중요한 일들에 대해서 걱정하지 않아도 될 테니까.

Anna smiles, lies down next to Olaf, looks up at the sky.

안나가 미소 지으며 올라프 옆에 누워 하늘을 올려다본다.

| | |
|---|---|
| **ANNA** | That's not what I mean. I don't worry, because, well, I have you and Elsa and Kristoff and Sven and the gates are open wide, and I'm not alone anymore. |

안나 내 말은 그런 뜻이 아니야. 내가 걱정이 없는 것은, 왜냐하면, 어, 내겐 너와 엘사, 그리고 크리스토프와 스벤이 있고, 문들이 활짝 열려있고, 그리고 난 더 이상 혼자가 아니기 때문이야.

She **relaxes** with her arms behind her head and begins to sing.

그녀가 팔을 머리 뒤로 하고 느긋한 자세로 노래를 부르기 시작한다.

---

maturity 성숙함, 원숙함
poetic 시의, 시적인
thus 이렇게 하여, 따라서
all-knowing 전지의, 세상 만물을 알고 있는
notion 개념, 관념, 생각
permanent 영구/영속적인
aged 나이가 든, ~세/살의, 연로한
relax 휴식을 취하다, 진정하다

# Some Things Never Change

어떤 것들은 절대 변하지 않지

🎧 05.mp3

SOME THINGS NEVER CHANGE

어떤 것들은 절대 변하지 않지

**ANNA** YES, THE WIND BLOWS A LITTLE BIT COLDER
AND WE'RE ALL GETTING OLDER
AND THE CLOUDS ARE MOVING ON WITH
EVERY **AUTUMN BREEZE**

**안나** 그래, 바람이 조금 더 차게 불어
그리고 우리는 모두 나이가 들어가지
또 구름은 모든 가을바람과 함께 흘러가지

Then they sit up, as Anna **motions to** a fallen **scarecrow** with a **rotting** pumpkin for a head.

그러고는 그들이 있어 안나가 썩어가는 호박 머리 통을 가진 쓰러진 허수아비에게 손짓한다.

**ANNA** PETER PUMPKIN JUST BECAME **FERTILIZER**

**안나** 피터 펌프킨이 지금 방금 비료가 되었네

**OLAF** AND MY LEAF'S A LITTLE SADDER AND WISER

**올라프** 그리고 나의 나뭇잎은 조금 더 슬퍼지고 현명해졌네

**ANNA** THAT'S WHY I **RELY ON CERTAIN CERTAINTIES**...

**안나** 그래서 나는 어떤 확실한 것들에 의지하는 거야…

EXT. ARENDELLE VILLAGE
Anna and Olaf **stroll** through town as all around them **signs** of change **contradict** Anna— a woman painting a building with new color, a new **construction**.

외부. 아렌델 마을
안나와 올라프가 마을을 거닐고 그들의 주변 모든 곳에서 변화의 표시들이 안나의 말과 모순된다 – 한 여인이 새로운 색으로 페인트칠을 하고, 새로운 건축물이 들어선다.

**ANNA** YES, SOME THINGS NEVER CHANGE
LIKE THE FEEL OF YOUR HAND IN MINE

**안나** 맞아, 어떤 것들은 절대 변하지 않아
내 손을 잡은 네 손의 느낌 같은 것들은

Anna and Olaf step through the **wooden framing** of a new building being **raised**.

안나와 올라프가 새롭게 지어지는 건물의 나무 틀을 지나간다.

**ANNA** SOME THINGS STAY THE SAME

**안나** 어떤 것들은 변하지 않고 그대로 있어

An artist paints a tree that a man **chops down**. They **quarrel**.

한 화가가 나무를 그리는데 어떤 남자가 그 나무를 벤다. 그들이 다툰다.

**ANNA & OLAF** LIKE HOW WE **GET ALONG** JUST **FINE**

**안나와 올라프** 우리가 사이좋게 지내는 것 같은 것들 말이야

---

autumn breeze 가을바람, 소슬바람
motion to ~에게 눈짓/손짓으로 알리다
scarecrow 허수아비
rot (서서히) 썩다, 부식/부패하다
fertilizer 비료, 거름
rely on 기대다, 의존하다
certain 확실한, 틀림없는, 어떤
certainty 확실한 것, 확실성
stroll 거닐다, 산책하다

sign 징후, 조짐, 표시, 간판
contradict 반박하다, 모순되다
construction 건설, 공사
wooden framing 목재/나무 틀
raise (무엇을 위로) 들어 올리다
chop down (나무 등을) 베어버리다, 찍어 넘기다
quarrel 다툼, 언쟁
get along fine 갈등 없이 사이좋게 지내다

Olaf **walks along** a stone wall, above Anna.

올라프가 돌담을 따라 걷는다. 안나 위에서.

**ANNA**    LIKE AN OLD STONE WALL
             THAT'LL NEVER FALL

**안나** 오래된 돌담 같은 것들
결코 쓰러지지 않는

A rock on the wall **breaks off**. Olaf **tumbles** off and **lands on** a hand cart of a new railroad being built. It starts to **trundle** down the **tracks**.

담 위의 돌이 떨어져 나간다. 올라프가 굴러떨어지며 새롭게 지어지는 선로의 수레 위로 착지한다. 수레가 선로를 따라 굴러가기 시작한다.

**ANNA**    SOME THINGS ARE ALWAYS TRUE

**안나** 어떤 것들은 항상 진실하지

Anna **runs after** him. She pulls the **lever** to **switch** the train track, stopping the cart, and sending Olaf flying into the air.

안나가 그를 뒤쫓아 달려간다. 그녀가 레버를 잡아당겨 선로를 바꾸려다가 수레를 멈추자, 그로 인해 올라프가 공중으로 날아간다.

**ANNA**    SOME THINGS NEVER CHANGE

**안나** 어떤 것들은 절대 변하지 않지

Anna catches Olaf and all of his **pieces**.

안나가 올라프의 분리된 몸통들을 잡는다.

**ANNA**    LIKE HOW I'M **HOLDING ON TIGHT** TO YOU

**안나** 내가 너를 꼭 붙잡고 있는 것 같은 그런 것들 말이야

As Olaf hugs Anna adoringly, the leaf blows out of Olaf's.

올라프가 안나를 사랑스럽게 껴안고, 올라프의 몸에서 나뭇잎 하나가 떨어져 날아간다.

EXT. **VILLAGE SQUARE** – DAY
Kristoff and Sven, still together, stroll past the open vegetable market.

외부. 마을 광장 – 낮
여전히 함께 있는 크리스토프와 스벤이 야채 시장을 거닌다.

### 바로 이장면!*

**KRISTOFF** THE LEAVES ARE ALREADY FALLING
              SVEN, IT FEELS LIKE THE FUTURE IS CALLING-

**크리스토프** 나뭇잎들이 벌써 떨어지네
스벤, 미래가 부르는 것 같은 느낌이야-

Kristoff shows Sven a ring.

크리스토프가 스벤에게 반지를 보여준다.

**KRISTOFF** (AS SVEN) ARE YOU TELLING ME TONIGHT
              YOU'RE GONNA **GET DOWN ON ONE KNEE**?

**크리스토프** (스벤처럼) 너 오늘 밤에 청혼하겠다는 말이니?

Kristoff **kneels** before Sven and get a few curious looks.

크리스토프가 스벤 앞에 무릎을 꿇는데 주변의 사람들이 궁금한 표정으로 쳐다본다.

---

| | |
|---|---|
| walk along ~을 따라 걷다 | switch 전환하다, 바꾸다 |
| break off (억지로) 분리되다/갈라지다 | piece (자르거나 나눠 놓은 것의) 한 부분/조각 |
| tumble 굴러떨어지다 | hold on tight 꽉 (붙)잡다 |
| land on 착륙하다, 착지하다, 올라서다 | village square 마을 광장 |
| trundle (시끄러운 소리를 내며) 굴러가다 | get down on one knee 한쪽 무릎을 꿇다, 청혼하다 |
| track 길, 진로, 경주로, 선로 | kneel 무릎을 꿇다 |
| run after ~을 따라가다, 뒤쫓다 | |
| lever (기계/차량 조작용) 레버 | |

**KRISTOFF** YEAH BUT I'M REALLY BAD AT **PLANNING**
THESE **THINGS OUT**
LIKE CANDLELIGHT AND PULLING OF RINGS
OUT

크리스토프 그래 하지만 난 이런 거 계획 세우는
건 정말 못해
촛불 준비하고 반지 꺼내는 그런 거 말이야

**KRISTOFF** (AS SVEN) MAYBE YOU SHOULD LEAVE ALL
THE ROMANTIC STUFF TO ME

크리스토프 (스벤처럼) 아무래도 로맨스 관련된
건 나한테 다 맡기는 게 좋을 것 같다

Sven **lights up** at the opportunity to help.

스벤이 도울 기회를 생각하며 얼굴에 화색이 돈다.

EXT. OAKEN'S **KIOSK** AND SPA – DAY
Sven pushes Kristoff to OAKEN'S new SPA KIOSK.

외부. 오큰의 매점과 스파 – 낮
스벤이 오큰의 새 스파 가판대로 크리스토프를 민
다.

**KRISTOFF** YEAH, SOME THINGS NEVER CHANGE
LIKE THE LOVE THAT I FEEL FOR HER

크리스토프 그래, 어떤 것들은 절대 변하지 않지
그녀를 향한 나의 사랑 같은 것은 말이야

EXT. CLOTHING SHOP – DAY
Sven and Kristoff look through the window at a man and woman's
clothes, their **reflections give the appearance** they are wearing the
outfits. Sven smiles, thinking the dress suits him well.

외부. 옷가게 – 낮
스벤과 크리스토프가 창문을 통해 남성복과 여성
복을 보는데, 창문에 비친 모습이 마치 그들이 그
옷을 입고 있는 것만 같다. 스벤이 옷이 자신에게
참 잘 어울린다고 생각하며 미소 짓는다.

**KRISTOFF** SOME THINGS STAY THE SAME
LIKE HOW REINDEERS ARE EASI-ER
BUT IF I **COMMIT**
AND I **GO FOR IT**
I'LL KNOW WHAT TO SAY AND DO
RIGHT?

크리스토프 어떤 것들은 변하지 않고 그대로 있
어
순록들이 상대하기 더 쉽다는 그런 것 말이야
하지만 내가 마음을 단단히 먹고
도전을 하면
무슨 말을 해야 하고 어떻게 해야 할지 알게 될 거
야
안 그래?

**KRISTOFF** (AS SVEN) SOME THINGS NEVER CHANGE

크리스토프 (스벤처럼) 어떤 것들은 절대 변하지
않아

Kristoff sees Anna coming towards him and **swoons**. He grabs onto
Sven.

안나가 그를 향해 오는 것을 보고 크리스토프가
황홀해한다. 그가 스벤에게 달라붙는다.

**KRISTOFF** SVEN, **THE PRESSURE IS ALL ON YOU!**❶

크리스토프 스벤, 이제 나는 너만 믿는다!

Leaves sweep by again. We follow them to—

나뭇잎들이 또다시 옆으로 휩쓸고 지나간다. 카메
라가 그들을 따라간다—

---

plan something out ~에 대해 계획을 세우다

light up (얼굴이) 환해지다

kiosk 키오스크, 매점, 가판대

reflection (거울 등에 비친) 상/모습

give the appearance ~처럼 보이다/나타나다

commit (일, 사람 등에) 전념/헌신/충실하다

go for it 단호히 목적을 추구하다

swoon 황홀해하나, 기실/픔노히티

❶ **The pressure is all on you!**
이제 나는 너만 믿는다.
이 표현은 직역하면 '압박/부담감이 모두
너에게 몰려있다'인데, 문맥의 흐름상 '이제
난 너만 믿는다'로 했어요. 이 상황에 대해서
'압박을 받는/부담감을 가질' 사람은 너라는
의미예요. 즉, '(나는 할 수 없으니) 네가
책임지고 다 알아서 해야 한다'는 뜻이
되겠네요.

EXT. ARENDELLE CASTLE BALCONY – DAY
Elsa stands on the village-side balcony of the castle.

**ELSA**   THE WINDS ARE **RESTLESS**
COULD THAT BE WHY I'M HEARING THIS CALL?
IS SOMETHING COMING?
I'M NOT SURE I WANT THINGS TO CHANGE AT
ALL

Elsa looks down on the **kingdom** to see– Anna, Kristoff, Sven, and
Olaf laughing happily together.

**ELSA**   THESE DAYS ARE **PRECIOUS**
CAN'T LET THEM **SLIP AWAY**

Elsa **steels herself**, then, **determined**—

**ELSA**   I CAN'T FREEZE THIS MOMENT
BUT I CAN STILL GO OUT AND **SEIZE** THIS DAY!!

Elsa goes exits the balcony, **headed for** the door.

외부. 아렌델 궁전 발코니 – 낮
엘사가 마을 쪽으로 향한 궁전의 발코니에 서 있
다.

엘사   바람이 잠시도 가만히 있질 못하네
그래서 내가 이 외침을 듣는 것일까?
뭔가가 일어나려고 하는 것일까?
난 내가 변화를 원하는지 잘 모르겠어

엘사가 왕국을 내려다보는데– 안나, 크리스토프,
스벤, 그리고 올라프 모두 행복하게 웃고 있다.

엘사   소중한 나날들이야
이 소중한 것들이 사라지도록 둘 수는 없어

엘사가 마음을 단단히 먹고 결심한다—

엘사   이 순간을 그대로 멈추게 할 수는 없어
하지만 아직은 밖으로 나가서 오늘 이 순간을 만
끽할 수는 있어

엘사가 발코니를 떠나 문을 향해 간다.

---

restless (따분해서) 가만히 못 있는, 들썩이는

kingdom 왕국

precious 소중한, 귀중한

slip away 사라지다, 없어지다, 죽다

steel oneself 마음을 단단히 하다, 독한 마음을 먹다

determine 결정하다, 확정하다, 결심하다

seize 와락/꽉 붙잡다, 움켜잡다, 장악하다

head for ~으로 향하다

# Charades
제스처 게임

EXT. VILLAGE CENTER – DAY
As the music rises, people excitedly decorate for a festival. Anna helps to **string bunting** but grabs a **clothes line** instead.

**Fishermen** toss fish to each other. Olaf stands at the end of the line. He catches the fish and **innocently** throws them back into the sea. Elsa, Olaf, Kristoff, Anna, and Sven all **meet up** in the center of the village. People are so delighted to see Elsa.

외부. 마을 중심지 – 낮
음악 소리가 커지고 사람들이 축제를 위해 신나게 장식하고 있다. 안나는 축제 깃발을 묶는 일을 도우려다 깃발을 연결하는 줄 대신 빨랫줄을 잡는다.

어부들이 서로에게 물고기를 던진다. 올라프가 줄 끝에 서 있다. 그가 물고기를 잡아서 천진난만하게 다시 바다로 던진다. 엘사, 올라프, 크리스토프, 안나, 그리고 스벤이 마을의 중심에서 만난다. 사람들이 엘사를 보고 기뻐한다.

**CITIZENS** AH AH AH AH AH AH AH –
THE WIND BLOWS A LITTLE BIT COLDER

시민들 아 아 아 아 아 아 아 –
바람이 조금 차게 불어

OLAF looks **right** into camera.

올라프가 카메라를 똑바로 쳐다본다.

**OLAF** AND YOU ALL LOOK A LITTLE BIT OLDER

올라프 그리고 너희들 모두 조금 나이 들어 보여

**ANNA** IT'S TIME TO COUNT OUR **BLESSINGS**

안나 우리가 받은 축복을 세어볼 때가 됐네

As Anna and Kristoff go to kiss, they are **separated** by a giant pumpkin, carried by Oaken.

안나와 크리스토프가 입맞춤하려다가, 오큰이 들고 온 거대한 호박 때문에 갈라선다.

**KRISTOFF & ANNA** BENEATH AN AUTUMN SKY

크리스토프와 안나 가을 하늘 아래

People set their **harvest goods** on a **communal** tables.

사람들이 공용 식탁 위에 수확물들을 올려놓는다.

**ALL** WE'LL ALWAYS LIVE IN A KINGDOM OF PLENTY
THAT **STANDS FOR** THE GOOD OF THE MANY

모두 우린 늘 풍성한 왕국에서 살 것이야
다수의 선을 상징하는 그런 왕국에서

Anna pulls Elsa over to the **flagpole**.

안나가 엘사를 게양대 쪽으로 잡아당긴다.

---

string (장식을 위해 줄로) 묶다
bunting (행사 장식용) 깃발
clothes line 빨랫줄
fishermen 어민, 어부들
innocently 천진난만하게
meet up 우연히 만나다
right 정확히, 바로, 꼭
blessing 축복

separated 갈라선, 헤어진, 분리된
beneath 아래/밑에
harvest 수확, 수확하다
goods 상품, 제품
communal 공동의, 공용의
plenty 풍부/충분한 양
stand for ~을 대표하다, 상징하다
flagpole 깃대

| | |
|---|---|
| **ELSA** | AND I PROMISE YOU THE FLAG OF ARENDELLE WILL ALWAYS FLY! |

엘사  그리고 아렌델의 깃발은 항상 펄럭일 것이라는 걸 약속할게!

Elsa throws her magic into the air. Snow **fireworks frame** the Arendellian flag.

엘사가 공중에 마법을 쏜다. 눈 폭죽들이 아렌델의 깃발 주변에서 터지며 한 폭의 그림을 만든다.

| | |
|---|---|
| **ANNA** | OUR FLAG WILL ALWAYS FLY! |

**안나**  우리의 깃발은 항상 펄럭일 거야!

| | |
|---|---|
| **ALL** | OUR FLAG WILL ALWAYS FLY! |

**모두**  우리의 깃발은 항상 펄럭일 거야!

Food is passed down the **banquet** table. Olaf **swaps** his carrot nose for a fresh carrot. **Feeds** Sven the old one.

연회 식탁 위로 음식이 옮겨진다. 올라프가 자기의 당근 코를 새 당근과 바꾼다. 전에 쓰던 당근 코는 스벤에게 먹인다.

| | |
|---|---|
| **ALL** | SOME THINGS NEVER CHANGE TURN AROUND AND THE **TIME HAS FLOWN** SOME THINGS STAY THE SAME THOUGH THE FUTURE **REMAINS UNKNOWN** |

**모두**  어떤 것들은 절대 변하지 않지
뒤돌아보면 세월이 정말 빨리 지나갔어
어떤 것들은 변하지 않고 그대로 있지
미래는 여전히 알 수 없지만

Elsa makes ice **sculptures** for little kids, including a **sextant** for one **brilliant** little girl.
SERIES OF DISSOLVES: people eating, sharing food. There's dancing.

엘사가 아이들을 위해 얼음조각상을 만들어 주고, 한 총명한 소녀에게는 육분의를 만들어 준다. 여러 장면 전환: 사람들이 먹고, 음식을 서로 나눈다. 춤도 춘다.

| | |
|---|---|
| **ALL** | MAY OUR GOOD LUCK LAST MAY OUR PAST BE PAST TIME'S MOVING FAST, IT'S TRUE |

**모두**  우리의 행운이 지속되기를
과거는 과거로 남아있기를
시간은 빠르게 가네, 정말로

| | |
|---|---|
| **ANNA, ELSA, KRISTOFF & OLAF** | SOME THINGS NEVER CHANGE |

**안나, 엘사, 크리스토프 그리고 올라프**  어떤 것들은 절대 변하지 않아

FINAL DISSOLVE: Sunset, the party is over. As our gang approaches the castle, Anna **yanks** off her shoes.
AT THE CASTLE DOOR: Anna holds the door open for her family, as they step inside, **one by one**.

마지막 전환: 저녁노을, 파티가 끝났다. 우리의 주인공들이 궁전으로 가는 동안 안나가 구두를 홱 벗는다.
궁전 문에서: 안나가 가족들을 위해 문을 잡아주고 그들이 안으로 들어간다. 차례차례.

| | |
|---|---|
| **ANNA** | AND I'M HOLDIN' ON TIGHT TO YOU |

**안나**  그리고 난 널 꼭 붙잡고 있어

| | |
|---|---|
| **ELSA** | HOLDIN' ON TIGHT TO YOU |

엘사  널 꼭 붙잡고 있어

---

fireworks 불꽃놀이

frame 틀에 넣다, 표현하다

banquet (공식) 연회, 만찬

swap (물물교환) 바꾸다

feed 먹이다, 먹이를 주다

Time has flown 빠르게 시간/세월이 흘렀다

remain 계속/여전히 ~이다, 남아있다

unknown 알려지지 않은, 모르는, 미지의

sculpture 조각품, 조각

sextant 육분의 (토목측량도구)

brilliant 훌륭한, 멋진

yank (비격식) 홱 잡아당기다

one by one 하나하나씩, 차례차례

| | |
|---|---|
| **OLAF** HOLDIN' ON TIGHT TO YOU | 올라프 널 꼭 붙잡고 있어 |
| **KRISTOFF** HOLDIN' ON TIGHT TO YOU | 크리스토프 널 꼭 붙잡고 있어 |
| **ANNA** I'M HOLDIN' ON TIGHT TO YOU | 안나 널 꼭 붙잡고 있어 |

Anna follows her family inside, shutting the castle door.

안나가 안으로 들어간 가족들을 뒤따르며 궁전 문을 닫는다.

INT. LIBRARY – NIGHT
Anna stands before the gang making **monster-like** faces. They're playing **charades**. Sven **keeps time** and **score**. Elsa, Olaf, and Kristoff sit on a small **couch**. Elsa looks completely **overwhelmed** and confused.

내부. 도서관 – 밤
안나가 친구들 앞에 서서 괴물 표정을 짓고 있다. '몸으로 말해요(몸짓)' 게임을 하는 중이다. 스벤이 시간과 점수를 기록한다. 엘사, 올라프, 그리고 크리스토프가 작은 소파에 앉아있다. 엘사는 완전 어쩔 줄 몰라 하며 혼란스러운 표정이다.

| | |
|---|---|
| **KRISTOFF** Okay, Lion. | 크리스토프 좋아, 사자. |
| **OLAF** **Grizzly bear.** | 올라프 회색곰. |
| **KRISTOFF** Monster. | 크리스토프 괴물. |
| **OLAF** **Brown bear.** | 올라프 불곰. |
| **KRISTOFF** Angry face! | 크리스토프 화난 얼굴! |
| **OLAF** Black bear. | 올라프 흑곰. |

Anna changes **tactics**. She **wields** a sword. **Goes for the kill.**

안나가 작전을 바꾼다. 그녀가 검을 휘두른다. 죽이려고 찌른다.

| | |
|---|---|
| **OLAF** Hans! | 올라프 한스! |

Anna motions that he's **getting close**.

안나가 거의 비슷하게 맞췄다는 몸짓을 한다.

바로 이장면!*

| | |
|---|---|
| **ELSA** **Unredeemable** monster. | 엘사 구제할 수 없는 괴물. |
| **KRISTOFF** Greatest mistake of your life! | 크리스토프 일생일대의 가장 큰 실수! |

---

monster-like 괴물 같은, 괴물처럼 생긴
charade 몸짓을 보고 그것이 나타내는 말을 알아맞히는 놀이
keep time 시간을 기록하다
keep score 점수를 기록하다
couch 소파
overwhelmed 압도된, 어쩔 줄 몰라 하는
grizzly bear (북미, 러시아 등에 서식) 회색곰
brown bear 불곰

tactic 전략, 작전, 전술
wield (무기, 도구를) 휘두르다, 들다
go for the kill 상대를 무너뜨릴 준비를 하다
get close 가까워지다, 접근하다
unredeemable 구제할 수 없는, 상환할 수 없는

| | | | |
|---|---|---|---|

**OLAF**  Wouldn't even kiss you!

*A bell rings. Time's up!*

**ANNA**  Villain.

*Everyone groans.*

**OLAF**  We all kind of got it.

**KRISTOFF**  Okay, Olaf. **You're up.**❶

*Sven holds a hat out. Olaf picks a piece of paper.*

**OLAF**  Okay. **So much easier now that I can read.** ❷
(reading) **Lightning round**, boys against girls.

**KRISTOFF**  Okay. I'm ready, I'm ready. Go!

*Sven **turns** the timer **over**. Hits the bell. Olaf **rearranges** his body to help his charades. Almost as fast as he **reassembles**, Kristoff gets the right answers.*

**KRISTOFF**  Unicorn. Ice cream. Castle! Oaken! Teapot! Mouse! Oooh, Elsa!

*Sven hits the bell. The guys cheer. Anna sighs.*

**ANNA**  I don't think Olaf should get to rearrange.

*It's Elsa's turn now, and she does not look thrilled.*

**ANNA**  Doesn't matter. This is going to be a **cinch**. Two sisters, one mind.

---

올라프 키스도 안 하려고 하네!

종이 울린다. 시간이 다 됐다!

안나 악당이야.

모두가 아쉬워하는 소리를 낸다.

올라프 우리 모두 거의 다 맞췄는데.

크리스토프 좋아, 올라프. 네 차례야.

스벤이 모자를 내민다. 올라프가 종이 한 장을 집어 든다.

올라프 좋아. 이제 나도 글을 읽을 수 있어서 훨씬 더 쉽네. (읽으며) 정해진 시간 안에 맞추기 게임, 남자 대 여자.

크리스토프 좋아. 난 준비됐어, 준비됐다고. 시작!

스벤이 타이머(모래시계를) 뒤집어 놓는다. 종을 친다. 올라프가 힌트를 잘 주려고 자신의 몸을 재배열한다. 거의 그가 몸을 재조립하자마자 크리스토프가 정답을 맞춘다.

크리스토프 유니콘. 아이스크림. 궁전! 오큰! 찻주전자! 쥐! 오, 엘사!

스벤이 종을 친다. 남자들이 환호한다. 안나가 한숨짓는다.

안나 올라프가 몸을 막 바꾸는 건 못 하게 해야 할 것 같아.

이제 엘사의 차례인데, 별로 신나지 않는 표정이다.

안나 상관없어. 이건 정말 식은 죽 먹기네. 두 자매, 한마음.

---

villain 악당

groan (고통, 짜증으로 끙) 신음을 내다

lightning round 정해진 시간 내에 최대한 많이 맞추는 게임

turn something over ~을 뒤집다

rearrange 재배열/배치하다

reassemble 재조립하다

cinch 아주 쉬운 일, 확실한 일

❶ **You're up.** 네 순서다.
상대방이 다음 순서/차례라는 것을 알려줄 때 쓰는 표현으로 It's your turn. 또는 You're next.도 비슷한 표현이에요.

❷ **So much easier now that I can read.**
이제 내가 읽을 수 있으니 훨씬 더 쉬워졌다.
〈now that + 주어 + 동사〉는 '이제 ~하게 되었으니' 라는 뜻으로 쓸 수 있는 패턴 표현이에요.

# Elsa, Not a Big Fan of Charades

제스처 게임을 별로 좋아하지 않는 엘사

🎧 07.mp3

Sven offers the hat out to Elsa. She picks a paper.

**ELSA**  Thank you.

**ANNA**  Okay. **Here we go! You got this, Elsa.**❶

Elsa goes into the first charade. It is the most **vague** charades ever seen.

**ANNA**  Anytime, just do it with your body. Um... Nothing.

As Anna guesses, Elsa's gestures just get even more vague.

**ANNA**  Air. Tree. People. Treeple! That's not a word. **Shovel** boy. Teeth? Oh, **doing the dishes**!

**OLAF**  Polar bear!

**ANNA**  Hey!

**OLAF**  Sorry.

**ANNA**  (to Elsa) Okay, you gotta give me something.

Suddenly, the Voice cries out. Elsa startles. She looks around **anxiously**. Clearly no one else hears it.

**ANNA**  Ooh. Uh. Alarmed. **Distracted**. Um... worried? **Panicking**? **Disturbed**. Oh come on, you **definitely** look disturbed.

The bell rings. Time's up. Anna groans.

---

스벤이 엘사에게 모자를 내민다. 그녀가 종이를 집는다.

엘사  고마워.

안나  좋아. 가보자고! 잘할 수 있어, 엘사.

엘사가 첫 번째 몸짓 게임을 시작한다. 세상에서 가장 모호한 몸짓이다.

안나  언제든지, 그냥 몸으로 하면 돼. 음… 아무 것도 아닌 거.

안나가 추측하는 동안 엘사의 몸짓이 더 애매모호해진다.

안나  공기. 나무. 사람들. 나무 사람! 그런 단어는 없지. 삽 푸는 소년. 이빨? 오, 설거지!

올라프  북극곰!

안나  야!

올라프  미안.

안나  (엘사에게) 좋아. 뭔가 제대로 좀 설명해 봐.

갑자기, 그 목소리가 울린다. 엘사가 깜짝 놀란다. 그녀가 불안해하며 주위를 둘러본다. 확실히 다른 사람들은 그 소리를 못 듣는다.

안나  오. 어. 놀란. 산만해진. 음… 걱정하는? 공황 상태에 빠진. 심란한. 아, 뭐야. 언니가 확실히 심란해 보이잖아.

종이 울린다. 시간이 다 됐다. 안나가 끙 한다.

---

vague (기억 등이) 희미한, 모호한
shovel 삽, 부삽
do the dishes 설거지를 하다
anxiously 걱정스럽게, 근심하여
distracted (주의력이) 산만해진, 산란한
panic 공황 상태에 빠지다
disturbed 매우 불안해하는, 심란한
definitely 분명히, 틀림없이, 절대

❶ **Here we go! You got this, Elsa.**
자, 시작하자고! 잘할 수 있어, 엘사.
Here we go! 는 뭔가 흥분되거나 위험한 일을 시작할 때 외치는 말이에요. You got this.는 (이 일은 네게 어렵지 않으니/너는 준비되었으니) '잘할 수 있다'는 뜻으로 쓰는 표현이고요.

37

**KRISTOFF** We won.

**ANNA** Rematch?

Anna hops up, goes to Elsa.

바로 이장면!*

**ELSA** Oh, you know what? I think I'll **turn in**.

**ANNA** Are you okay?

Elsa heads out.

**ELSA** Just tired. Good night.

**OLAF** Yeah, I'm tired, too. And Sven promised to read me a **bedtime story**, didn't you, Sven?

Kristoff looks panicked. He can't leave; that's not the plan.

**KRISTOFF** (AS SVEN) Did I?

**OLAF** (**regarding** Sven) Oh, you do the best voices. (as he heads off) Like when you **pretend** to be Kristoff. And you're like... (**imitating** Kristoff) I just need to go talk to some rocks about my **childhood and stuff**.

**KRISTOFF** How about you guys start without me?

Sven and Olaf leave. Anna starts **cleaning up**, her back to Kristoff as he races around. He throws **logs** on the fire. **Rips** a mint leaf off of the plant. **Chews**. Checks his **breath**. He **shows up** behind Anna, RING in hand.

크리스토프 우리가 이겼다.

안나 재시합 어때?

안나가 깡충 뛰어오르며 엘사에게 간다.

엘사 오, 있잖아. 난 이만 자러 갈게.

안나 언니 괜찮아?

엘사가 밖으로 향한다.

엘사 그냥 피곤해서 그래. 잘 자.

올라프 어, 나도 피곤하네. 그리고 스벤이 나 잠잘 때 동화 읽어주기로 약속했어. 그렇지 않니, 스벤?

크리스토프가 몹시 당황한 표정이다. 그는 나갈 수가 없다. 그건 그의 계획과 다르다.

크리스토프 (스벤처럼) 내가 그랬나?

올라프 (스벤에 대해서) 오, 네 목소리 연기는 최고야. (그가 밖으로 나가는 동안) 네가 크리스토프 흉내 내는 그런 연기. 그리고 너는 말이지… (크리스토프를 흉내 내며) 내 어린 시절 같은 것들에 대해서 돌들에게 가서 얘기해야 해.

크리스토프 너희들 나 없이 먼저 시작하는 건 어때?

스벤과 올라프가 나간다. 안나가 청소를 시작하고 크리스토프가 분주하게 왔다 갔다 하는 동안 그녀가 크리스토프에게 등 돌리고 있다. 그가 불에 통나무를 던진다. 식물에서 민트 잎을 뜯는다. 씹는다. 입 냄새를 확인한다. 그가 안나 뒤에 나타난다. 손에 반지를 들고.

rematch 재시합

turn in 잠자리에 들다

bedtime story 잠잘 때의 동화

regarding ~에 관하여/대하여

pretend ~인 척하다, ~라고 가장하다

imitate 모방하다, 흉내 내다

childhood 어린 시절

and stuff 〈구어〉 ~ 같은 (시시한) 것

clean up ~을 치우다, 청소하다

log 통나무

rip 찢다, 떼어/뜯어내다

chew 씹다, 깨물다

breath 입김/숨

show up (예정된 곳에) 나타나다

**ANNA**  Did Elsa seem **weird** to you?

**KRISTOFF** She seemed like Elsa?

He **takes a deep breath** and gets down on one knee.

**ANNA**  (not facing Kristoff) That last word really seemed to **throw** her. What was it?

She **bends down** to **look through** the **discarded clues**.

**KRISTOFF** I don't know. Ahem… (sexy voice) I don't know. But um—

Anna picks up Elsa's **slip of paper**.

**ANNA**  (reading) Ice? Oh, come on!

She throws her arms up, making Kristoff **recoil** and drop the ring. It goes flying under the couch. Kristoff dives to get it—

**ANNA**  She couldn't **act out**… ice? I better go check on her.

Just as Kristoff kneels back up with the ring, she turns toward him, gives him a **smacker**, then stands.

**ANNA**  Thanks, honey. Love you!

And she's **'s off**. He looks after her, sighs.

**KRISTOFF** Love you, too.

---

**안나** 엘사 언니가 좀 이상해 보이지 않았어?

**크리스토프** 평소의 엘사처럼 보이던데?

그가 심호흡하고 한쪽 무릎을 꿇는다.

**안나** (크리스토프를 마주하지 않고) 그 마지막 단어가 언니를 많이 힘들게 하는 것 같더라고. 그 단어가 뭐였을까?

버려진 힌트 쪽지를 살펴보려고 그녀가 허리를 굽힌다.

**크리스토프** 글쎄 나도 모르겠는데. 에헴… (섹시한 목소리로) 글쎄. 하지만 음—

안나가 엘사의 쪽지를 집어 든다.

**안나** (읽으며) 얼음? 아, 뭐야!

그녀가 두 팔을 내던지듯 들자 크리스토프가 움찔하며 반지를 떨어뜨린다. 반지가 소파 밑으로 날아가 버린다. 크리스토프가 반지를 찾으려고 뛰어든다—

**안나** 대체 어떻게… 얼음을 표현하지 못한 거지? 가서 언니가 괜찮은지 좀 살펴봐야겠어.

크리스토프가 반지를 들고 무릎을 꿇는데 바로 그때 그녀가 그에게로 돌아서서 쪽 하며 입맞춤을 날리고 일어선다.

**안나** 고마워, 자기. 사랑해!

그리고 그녀는 나간다. 그가 그녀의 뒷모습을 보며 한숨을 쉰다.

**크리스토프** 나도 사랑해.

---

weird 기이한, 기묘한, 이상한
take a deep breath 심호흡하다
throw 〈비격식〉 당혹스럽게 하다
bend down 허리를/몸을 굽히다
look through ~을 검토하다, 살펴/훑어보다
discard 버리다, 폐기하다
clue 단서, 실마리, 힌트
a slip of paper 쪽지

recoil 움찔하다, 흠칫 놀라다
act out (연극하듯) 실연해 보이다
smacker 〈비격식〉 쪽 소리가 나게 하는 키스/입맞춤
be동사 + off 시작하다, 출발하다, 떠나다

# Elsa Will Always Have Anna
엘사에겐 항상 안나가 있다네

🎧 08.mp3

INT. ELSA'S BEDROOM – NIGHT
Elsa stands in the window, deep in worried thought. She wears her mother's scarf. She hears a **familiar** knock (from 'Do You Want to Build a Snowman?'). Elsa smiles.

ELSA   Come in.

Anna comes in, sees Elsa standing in the window.

내부. 엘사의 침실 – 밤
엘사가 창문에 서 있다. 깊은 걱정에 빠진 얼굴로. 그녀가 어머니의 스카프를 두른다. 익숙한 ('나랑 눈사람 만들래?' 노래의) 노크 소리가 들린다. 엘사가 미소 짓는다.

엘사 들어와.

안나가 들어와, 창문에 서 있는 엘사를 본다.

**바로 이장면!**

ANNA   Yep. Something's wrong.

ELSA   With you?

ANNA   No, with you. You're wearing mother's scarf. You do that when something's wrong. (**realizing, gasp**) Did we **hurt your feelings**? I'm so sorry if we did. You know, very few people are actually **good at family games**. That's just a fact.

ELSA   No.... **That's not it.**❶

Elsa walks away from Anna, sits on the bed.

ANNA   Then what is it?

She looks at Anna, debates telling her.

ELSA   ...There's this... (off Anna's worried face) I just don't want to **mess things up**.

안나 맞네. 뭔가 문제가 있네.

엘사 너한테?

안나 아니, 언니한테. 어머니의 스카프를 하고 있잖아. 그건 뭔가 문제가 생겼을 때 언니가 하는 행동이잖아. (뭔가 깨달은 듯, 놀라며) 우리가 언니 감정을 상하게 했나? 그런 거면 미안해. 알잖아, 원래 가족 게임 잘하는 사람은 세상에 몇 명 없어. 그게 사실이야.

엘사 아니…. 잘못 짚었어.

엘사가 안나에게서 멀어지며 걷다가 침대에 앉는다.

안나 그럼 뭐 때문에 그러는 건데?

그녀가 안나를 본다. 말할지 말지 고민한다.

엘사 …그니까 이런… (안나가 걱정하는 표정을 보며) 난 그냥 일을 망치고 싶지 않아서 그래.

---

familiar 낯익은, 익숙한, 친숙한
realize 깨닫다, 알아차리다
gasp 헉 하고 숨을 쉬다
hurt someone's feelings ~의 감정을 상하게 하다
good at ~을 잘하다, ~에 능숙하다
family game 가족들끼리 집에서 하는 게임
mess things up 상황을 엉망으로 만들다

❶ **That's not it.**
그런 게 아니다.
상대방이 한 말에 대해서 그건 이 일과 무관하다고 하거나 부정적으로 답할 때 쓰는 표현이에요. 우리말로 '잘못 짚었다'와 비슷한 표현이라고 할 수 있겠네요.

Anna comes and sits next to Elsa.

안나가 와서 엘사의 옆에 앉는다.

**ANNA** What things? You're doing great. Oh Elsa, when are you going to see yourself the way I see you?

**안나** 어떤 일을? 언니 엄청 잘하고 있잖아. 오, 엘사, 언제나 내가 언니를 생각하는 것처럼 언니도 자기 자신에 대해서 생각하게 될까?

**ELSA** What would I do without you?

**엘사** 너 없으면 나는 어떻게 사니?

**ANNA** You'll always have me.

**안나** 난 항상 언니 곁에 있을 거야.

---

Elsa gives Anna a **grateful** smile. Anna **gets an idea** and climbs over the bed, **props** herself **against** the **pillows**.

엘사가 안나에게 고마워하는 미소를 짓는다. 안나가 어떤 생각이 떠올랐는지 침대 위로 올라가서 베개들을 고고 있는다.

**ANNA** I know what you need. Come on, come here.

**안나** 언니에게 뭐가 필요한지 내가 알지. 자 어서, 이리 와봐.

**ELSA** What?

**엘사** 원데?

**ANNA** In Mama's words: cuddle close. Scooch in.

**안나** 어머니의 말을 빌리자면: 더 꼭 껴안아. 더 안쪽으로 들어오고.

Elsa leans against Anna, allowing Anna to wrap her up in their mother's scarf. Anna **soothes** her, by singing their mother's **lullaby**.

엘사가 안나에게 기대고, 안나가 어머니의 스카프로 그녀를 감싸도록 한다. 안나가 어머니의 자장가를 부르며 그녀를 달랜다.

ALL IS FOUND (**REPRISE**)

모든 것이 찾아졌네 (반복 구절)

**ANNA** WHERE THE NORTH WIND
MEETS THE SEA
THERE'S A RIVER

**안나** 북풍이
바다와 만나는 곳
그곳에 강이 있다네

Anna starts rubbing the bridge of Elsa's nose, like their mother would.

안나가 엘사의 콧날을 문지르기 시작한다. 어머니가 했던 것처럼.

**ANNA & ELSA** FULL OF MEMORY

**안나와 엘사** 기억으로 가득 찬

**ELSA** I know what you're doing.

**엘사** 네가 지금 뭘 하는 건지 알겠다.

They laugh. Anna keeps rubbing her nose.

그들이 웃는다. 안나가 계속 그녀의 코를 문지른다.

---

grateful 고마워하는, 감사하는
get an idea 생각이 떠오르다, 착상을 얻다
prop against ~에 받쳐놓다, 괴어 놓다
pillow 베개
soothe 달래다, 진정시키다
lullaby 자장가
reprise (음악에서) 반복 부분

**ANNA & ELSA** SLEEP MY DARLING
**SAFE AND SOUND**[1]
FOR IN THIS RIVER ALL

Elsa has **fallen asleep**. Anna **yawns**.

**ANNA**          IS FOUND.

INT. ELSA'S ROOM – NIGHT, LATER
The girls fell asleep next to each other. **All of a sudden**, the Voice calls out.

**THE VOICE**     AH-AH-AH-AH

Elsa startles awake. She starts to **doze** again.

**THE VOICE**     AH-AH-AH-AH

Elsa sits **all the way** up. She looks down at Anna, who is still sound asleep.

**THE VOICE**     AH-AH-AH-AH

She gets up. There's the sound again. She quietly **backs** out of her room.

안나와 엘사  잘 자라 아가
푹 안전하게
왜냐하면 이 강에서는
모든 것이

엘사가 잠들었다. 안나가 하품을 한다.

**안나**  찾아진다네

내부. 엘사의 방 – 밤. 나중에
그녀들이 서로의 옆에서 잠들었다. 갑자기. 목소리
가 부르기 시작한다.

목소리  아—아—아—아

엘사가 뒤척인다. 그녀가 다시 잠들려다가.

목소리  아—아—아—아

엘사가 벌떡 일어나 앉는다. 그녀가 안나를 내려다
보니 여전히 곤히 잠들어있다.

목소리  아—아—아—아

그녀가 일어난다. 다시 또 그 소리다. 그녀가 조용
히 그녀의 방에서 빠져나온다.

---

fall asleep 잠들다
yawn 하품하다
all of a sudden 〈구어〉 갑자기
doze 깜빡 잠이 들다, 졸다
all the way 〈구어〉 완전히, 내내
back 뒤로 물러서다, 뒷걸음질 치다

**❶ Safe and sound**
푹 안전하게
이 표현은 옛날 항해 용어에서 유래됐어요.
뱃사람들이 모두 안전하고(safe), 배가
손상되지 않고 온전하게(sound) 돌아온다는
의미랍니다. 여기서 sound는 명사 '소리'가
아닌 형용사 '건강한, 온전한'이랍니다.

# Into the Unknown

미지의 세계로

🎧 09.mp3

| | |
|---|---|
| INT. **HALLWAY** – NIGHT | 내부, 복도 – 밤 |
| Elsa **slips out** into the hall and sings— | 엘사가 복도로 살그머니 나가서 노래를 부른다— |

INT. THE UNKNOWN

미지의 세계로

| ELSA | (to the Voice) I CAN HEAR YOU<br>BUT I WON'T<br>SOME **LOOK FOR TROUBLE**<br>WHILE OTHERS DON'T | 엘사 (목소리에게) 난 네 목소리를 들을 수 있어<br>하지만 듣지 않을 거야<br>어떤 사람들은 사서 고생을 하지<br>어떤 사람들은 그렇지 않은데 |
|---|---|---|

| Elsa looks at herself in the hallway mirror. | 엘사가 복도에 있는 거울에 비친 자신의 모습을<br>본다. |
|---|---|

| ELSA | THERE'S A THOUSAND REASONS I SHOULD<br>**GO ABOUT MY DAY**<br>AND **IGNORE** YOUR WHISPERS, WHICH I<br>WISH WOULD GO AWAY<br>OH-OH-OH | 엘사 평범하게 나의 일상을 살아야 할 이유가 천<br>가지는 있어<br>그리고 네 속삭임을 무시할 이유가, 속삭임이 사라<br>졌으면 좋겠어<br>오-오-오 |
|---|---|---|
| THE VOICE | AH-AH-AH-AH | 목소리 아-아-아-아 |
| ELSA | OH-OH | 엘사 오-오 |
| THE VOICE | AH-AH-AH-AH | 목소리 아-아-아-아 |

| As the music **intensifies**, so does Elsa's **march** through the hallways,<br>determined not to **give in to** its **alluring** call. | 음악이 강렬해지면서, 복도를 걷는 엘사의 발걸음<br>도 점점 강해진다. 절대로 미혹하는 외침에 굴복하<br>지 않으리라 굳게 마음을 다잡으며. |
|---|---|

| ELSA | YOU'RE NOT A VOICE<br>YOU'RE JUST A RINGING IN MY EAR<br>AND IF I HEARD YOU (WHICH I DON'T)<br>**I'M SPOKEN FOR, I FEAR** | 엘사 넌 목소리가 아니야<br>내 귀에 넌 그냥 울림일 뿐이야<br>그리고 내가 네 소리를 들었다면 (안 들었지만)<br>난 이미 다른 책임이 있어, 유감이지만 |
|---|---|---|

---

hallway 복도, 통로

slip out 몰래 나오다

look for trouble 사서 고생하다

go about my day 평소처럼 자기 할 일을 하다

ignore 무시하다, 못 본 척 하다

intensify (정도가) 심해지다, 격렬해지다

march 가두 행진, 행군, 행진/행군하다

give in to ~에 굴복하다

allure 매력, 마음을 끌다, 꾀다, 유혹하다

be동사 + spoken for 이미 임자가 있다, 이용/사용 가능하지 않다

I fear 〈격식〉 유감스럽지만 ~이다

43

IN THE LIBRARY: Elsa stares at **portraits** of her parents and of herself and Anna with Kristoff and Sven.

도서관에서: 엘사가 그녀의 부모님과 자기, 그리고 크리스토프와 스벤과 함께 있는 안나의 사진을 응시한다.

**ELSA**
EVERYONE I EVER LOVED IS HERE WITHIN THESE WALLS
I'M SORRY SECRET **SIREN** BUT I'M **BLOCKING OUT** YOUR CALLS
**I'VE HAD MY ADVENTURE**❶
I DON'T NEED SOMETHING NEW
I'M AFRAID OF WHAT I'M RISKING IF I FOLLOW YOU
INTO THE UNKNOWN
INTO THE UNKNOWN
INTO THE UNKNOWN

엘사 내가 평생 사랑한 모든 사람들이 이 벽들 안에 있어
미안하지만 은밀한 사이렌 요정아, 난 너의 외침을 막을 거야
난 이미 충분히 파란만장한 삶을 살았다고
난 이제 새로운 것이 필요 없어
내가 너를 따르게 되면 감수해야만 할 위험이 두려워
미지의 세계로
미지의 세계로
미지의 세계로

**THE VOICE**  AH-AH-AH-AH

목소리  아-아-아-아

Elsa exits the castle, following the Voice, but frustrated.

엘사가 궁전에서 나와 목소리를 따르지만, 표정은 밝지 않다.

**바로 이장면!***

**ELSA**
WHAT DO YOU WANT?
CAUSE YOU'VE BEEN KEEPING ME AWAKE
ARE YOU HERE TO DISTRACT ME
SO I MAKE A BIG MISTAKE?

엘사 뭘 원하니?
네가 날 잠도 못 자고 계속 깨어있게 하잖아
내 정신을 산란하게 만들려고 온 거야
내가 큰 실수를 하게 하려고?

But then she gets a thought. She **hesitates**.

그때 그녀에게 어떤 생각이 든다. 그녀가 망설인다.

**ELSA**
OR ARE YOU SOMEONE OUT THERE WHO'S A LITTLE BIT LIKE ME?
WHO KNOWS **DEEP DOWN I'M NOT WHERE I'M MEANT TO BE?**❷
EVERY DAY'S A LITTLE HARDER AS I FEEL MY POWER GROW
DON'T YOU KNOW THERE'S PART OF ME THAT **LONGS** TO GO

엘사 아니면 혹시 너 나랑 조금은 닮은 그런 존재니
마음속으로는 내가 있어야 할 곳에 있지 않은 것 같은 나를 아는?
내 능력이 자라면서 하루하루가 조금씩 더 힘들어져
마음 한쪽에서는 내가 떠나기를 갈망한다는 걸 모르니

---

portrait 초상화, 인물사진
siren 사이렌 (여자의 모습을 하고 바다에서 아름다운 노랫소리로 선원들을 유혹하여 위험에 빠뜨렸다는 고대 그리스 신화 속 존재)
block out (빛, 소리를) 가리다, 차단하다
hesitate 망설이다, 주저하다
deep down 마음속으로는, 내심, 본심은
long 애타게 바라다, 열망/갈망하다

❶ **I've had my adventure.**
난 이미 충분히 파란만장한 인생을 살았다
〈have had my ~〉는 '(험난한 여정을) 겪을 만큼 겪었다'는 패턴 표현이에요.

❷ **I'm not where I'm meant to be.**
내가 원래 있어야 할 곳에 있지 않다.
〈be동사 + meant to + 동사〉는 '(원래는/애초에) ~을 할 운명이다, ~하게 되어 있다'라는 의미로 쓰는 표현이에요.

She **tentatively** tosses her magic up. As if it has a mind of its own, the magic flies past her, she **chases** it. It starts to **form** the shape of a forest, hovering midair, Elsa walks into it.

그녀가 소심하게 위로 마법을 쏜다. 마치 마법에게도 스스로 마음이 있는 것처럼 마법이 그녀 옆을 지나며 날아가고 그녀가 따라간다. 마법이 공중을 맴돌며 숲의 형상을 만들기 시작한다. 엘사가 그 안으로 들어간다.

ELSA     INTO THE UNKNOWN
           INTO THE UNKNOWN
           INTO THE UNKNOWN

엘사   미지의 세계로
미지의 세계로
미지의 세계로

Reindeer made of snowflakes run past Elsa. A young boy chases a young girl. They float away into.

눈송이로 만든 순록이 엘사 옆으로 뛰어간다. 어린 소년이 어린 소녀를 쫓아간다. 그들이 둥둥 떠서 어디론가 사라진다.

THE VOICE   AH-AH-AH-AH

목소리   아-아-아-아

Elsa throws up more and more magic.

엘사가 더 많은 마법을 위로 쏘아 올린다.

ELSA     OH-OH-OH
           ARE YOU OUT THERE?
           DO YOU KNOW ME?
           CAN YOU FEEL ME?
           CAN YOU SHOW ME?!
           AH-AH-AH-AH!

엘사   오-오-오
너 그 밖에 있니?
나를 아니?
나를 느낄 수 있니?
내게 보여줄 수 있니?!
아-아-아-아!

The snow again takes new shapes – a horse, fire, leaves in the wind, giants! Elsa **delights in** the **figures**. She **sings in harmony** with the Voice.

눈이 또다시 다른 형상으로 변한다 – 말, 불, 바람 속에 날리는 나뭇잎들, 거인들! 엘사가 그 형상들을 보며 기뻐한다. 그녀가 목소리와 함께 노래한다.

THE VOICE   AH-AH-AH-AH

목소리   아-아-아-아

ELSA     AH-AH-AH-AH

엘사   아-아-아-아

ELSA & THE VOICE   AH-AH-AH-AH
                  AH-AH-AH-AH
                  AH-AH-AH-AH

엘사와 목소리   아-아-아-아
아-아-아-아
아-아-아-아

Her magic starts to **race** away from her. Elsa chases. She is so **captivated** by her **connection** to the Voice. **No longer resisting**, she chases her **own** magic.

그녀의 마법이 그녀에게서 빠르게 달아나기 시작한다. 엘사가 뒤쫓는다. 그녀는 목소리와 그녀와의 접속에 푹 빠졌다. 더 이상 저항하지 않고, 그녀가 자신의 마법을 뒤쫓아간다.

---

tentatively 머뭇거리며, 망설이며

chase 뒤쫓다, 추적하다

form 형성되다, 형성시키다

delight in something 대단히 즐기다

figure 수치, 숫자, 도형

sing in harmony 화음을 넣어 노래하다

race 질주하다, 급히 가다

captivate ~의 마음을 사로잡다/매혹하다

connection 연결, 접속, 인연

no longer 이미/더 ~이 아닌

resist 저항/반대하다, 항거하다

own (소유, 관련성을 강조) ~자신의

ELSA   WHERE ARE YOU GOING
DON'T **LEAVE ME ALONE**
HOW DO I FOLLOW YOU...

엘사  어디로 가는 거니
나를 혼자 두고 가지 마
내가 너를 어떻게 따라가야 하는 거니…

She races to the **very** edge of the **cliff**, makes an ice **extension**, but can't **keep up with** her magic. She stops, **reaches out**.

그녀가 절벽 끝까지 달린다. 얼음으로 연결고리를 만들지만 자신의 마법의 속도를 따라잡지 못한다. 그녀가 손을 뻗으며 멈춘다.

ELSA & THE VOICE   INTO THE UNKNOWN

엘사와 목소리  미지의 세계로

On the final **note**, Elsa **throws back** her head and arms, **as if** wanting to **surrender**. The gesture sends a **shock wave** out from her. Suddenly, small, diamond-shaped **ICE CRYSTALS fill** the sky. Some are pink, some blue, some green, and purple. Each crystal is **adorned** with a symbol.

마지막 음을 부를 때 엘사가 그녀의 머리와 팔들을 뒤로 젖히는데 그 모습이 마치 투항하는 것만 같다. 그 몸짓으로 그녀에게서 충격파가 날아간다. 갑자기, 작은 다이아몬드 모양의 얼음 결정체들이 하늘을 가득 채운다. 어떤 것들은 분홍색이고, 어떤 것들은 파란색, 어떤 것들은 초록색 그리고 보라색도 있다. 각각의 결정체들이 상징으로 장식되어 있다.

---

leave someone alone ~을 혼자 내버려 두다

very (강조) 바로, (다름 아닌) 바로 그/이

cliff 벼랑, 절벽

extension (길이, 크기의) 연장/확장

keep up with something (속도 등을) 따라가다, 뒤지지 않다

reach out (손, 팔 등을) 뻗다, ~와 접촉하려고 하다

note 음, 음표

throw back (커튼 따위를) 확 열다, 젖히다

as if 마치 ~인 것처럼, 흡사 ~와도 같이

surrender 항복/굴복하다, 투항하다

shock wave 충격파

ice crystal 빙정, 얼음 결정

fill 채우다, 메우다

adorn 꾸미다, 장식하다

# The Magical Spirits
마법의 정령들

🎧 10.mp3

EXT. BALCONY – NIGHT
Anna comes out onto the balcony. She looks all around at the crystals. Elsa looks at the symbols **in awe**, a slight smile on her face. She points to the four different symbols.

외부, 발코니 – 밤
안나가 발코니로 나온다. 그녀가 결정체들을 사방으로 둘러본다. 엘사가 경외심에 차서 상징들을 본다. 얼굴에 미소를 살짝 머금고. 그녀가 네 가지 다른 상징들을 가리킨다.

__ELSA__  Air, fire, water, earth.

엘사 바람, 불, 물, 땅.

Suddenly, there's a FLASH OF LIGHT FROM THE NORTH. The crystals start FALLING LIKE DOMINOS, starting from the North. Then heading toward the village and castle.
In the village: the crashing ice crystals bring people to their windows and out their doors in shock. All of a sudden, the lanterns around them all go out.
BACK AT THE CASTLE: Kristoff, Olaf, and staff exits, Anna **on their heels**. The **fountains dry up**.

갑자기, 북쪽에서 섬광이 번쩍이고, 결정체들이 도미노처럼 떨어지기 시작한다. 북쪽으로부터 시작해서. 그러더니 마을과 궁전 쪽으로 향한다.
마을에서: 부서지는 얼음 결정체 때문에 사람들이 놀라 집 창문과 문밖으로 나온다. 갑자기, 그들 주변의 등불들이 모두 꺼진다.
다시 궁전: 크리스토프, 올라프, 안나, 그리고 다른 궁전 사람들이 궁전 밖으로 나간다. 분수의 물이 쭉 빠져나간다.

__WALLA__  The water!

웅성거림 물이!

THE **WATER MILL**: the waterfalls and mill dry up. The wind **picks up**.
THE **STABLES**: Sven looks up from his **hay** bed, **confused**, as the wind blows the stable doors open and pushes him out. As Elsa **struggles against** the increasing wind. She **pieces together** what is happening.

풍차: 폭포와 풍차의 물도 말라버렸다. 바람이 강해진다.
마구간: 스벤이 건초에서 혼란스러워하며 위를 올려다보는데, 바람이 불어 마구간 문이 열리고 그가 밀려 나오게 한다. 엘사가 점점 강해지는 바람을 상대로 싸운다. 그녀가 무슨 일이 일어나고 있는지 종합해본다.

__ELSA__  The air rages, no fire, no water. The earth is next. We have to get out.

엘사 바람이 분노하고, 불이 없어지고, 물이 없어졌어. 그다음은 땅이야. 우린 나가야 해.

She heads for the village center. The wind rages now, pushing everyone up the village streets. Elsa rushes to **reassuring** them. She **encourages** them to **go with** the wind.

그녀가 마을 중앙으로 향한다. 바람이 격렬해지며 모두를 마을 길 위로 밀어붙이고 있다. 엘사가 그들을 안심시키기 위해 달려간다. 그녀가 바람이 부는 대로 따라가도록 이끈다.

__ELSA__  It'll be okay. **Evacuate** to the cliffs!

엘사 괜찮을 거예요. 절벽 쪽으로 피하세요!

---

in awe 경외심에 차서
on one's heel 갑자기 떠나다
fountain 분수, (무엇의) 원천
dry up 바싹 마르다, 말라붙다
walla (음향 효과) 웅성거리는 소리
water mill 물레방아, 물방아, 풍차
pick up 더 강해지다, 계속되다
stable 마구간, 안정된, 차분한

hay 건초
confused 혼란스러워하는
struggle against ~에 대항해 싸우다
piece together (세부 사항들을) 종합하다
reassure 안심시키다
encourage 격려하다, 용기를 북돋우다
go with something 더불어 가다
evacuate 피난하다, (장소를) 대피시키다

49

Just then the ground starts to **rumble**. The **cobblestones** begin to spin, **literally accelerating** everyone's **pace** out of the Kingdom.

**OLAF**     Oh, no! I'm gonna blow!

**KRISTOFF** I've got you.

UP ahead: Anna is being pushed with the group. She looks back and sees AN ARENDELLE FLAG RIP OFF ITS POLE.

EXT. CLIFF – NIGHT
All of Arendelle covers the Cliffside. SVEN and KRISTOFF move through the crowd **handing out blankets** and **supplies**.

**KRISTOFF** Yes, everyone's out and safe. Here, take one of these. (noticing something **odd**) You okay there, Olaf?

Olaf sits **surrounded by** children, as they decorate him with the fallen ice symbols.

**OLAF**     Oh yeah. We're calling this, controlling what you can when things feel **out of control**.

바로 그때 땅이 우르릉거리기 시작한다. 자갈들이 돌기 시작하고, 그야말로 모든 사람의 발걸음을 왕국에서 더 빨리 몰아내고 있다.

올라프 오, 안 돼! 바람에 날아갈 것 같아!

크리스토프 내가 잡았어.

저 앞쪽: 안나가 사람들과 함께 바람에 밀리고 있다. 그녀가 뒤돌아보니 아렌델의 깃발 하나가 깃대에서 뽑혀 나간다.

외부, 절벽 – 밤
아렌델의 모든 사람들이 절벽을 뒤덮었다. 스벤과 크리스토프가 군중 사이로 이동하며 담요와 비품들을 나눠주고 있다.

크리스토프 그래, 모두가 다 안전하게 나왔어. 자, 이거 하나 가져가요. (뭔가 이상한 점을 발견하고) 너 괜찮니, 올라프?

올라프가 아이들에게 둘러싸여, 그들이 떨어져 있는 얼음 상징들로 그를 장식한다.

올라프 오 그래. 바로 이런 걸 두고 '힘들 때일수록 할 수 있는 일을 찾아서 해야 한다'라고 말하지.

---

**바로 이 장면!**

**ANNA**     Okay, I don't understand, you have been hearing a voice and you didn't think to tell me?

**ELSA**     I didn't want to worry you.

**ANNA**     We made a promise not to **shut each other out**.

Elsa looks back, **ashamed**.

안나 자, 난 이해가 안 돼. 목소리를 들으면서 나한테 말할 생각을 안 했단 말이야?

엘사 걱정시키고 싶지 않아서 그랬어.

안나 서로를 인생에서 차단하지 않겠다고 약속했잖아.

엘사가 뭔가 숨기듯 고개를 돌린다.

---

rumble 우르르/웅웅 소리를 내다

cobblestone 자갈, 조약돌

literally 문자/말 그대로, 그야말로

accelerate 가속화하다, 속도를 높이다

pace 속도, 걸음, 보폭

I've got you. 내가 도와줄게. (술래잡기) 잡았어!

hand out 나눠주다, 배포하다

blanket 담요

supplies (단체가 필요로 하는) 보급품, 물자

odd 이상한, 특이한

surrounded by ~에 둘러싸인/포위되어

out of control 통제 불능의

shut somebody out ~을 (못 들어가게) 차단하다

ashamed 부끄러워하는, 수치스러운, 창피한

| ANNA | Just tell me what's going on. | 안나 | 무슨 일인지 어서 얘기해 봐. |

| ELSA | (sheepish) I woke the magical spirits of the enchanted forest. | 엘사 | (소심하게) 내가 마법의 숲에 있는 마법의 정령들을 깨웠어. |

| ANNA | Okay, that's definitely not what I thought you were going to say. Wait, the enchanted forest? The one Father **warned** us about? | 안나 | 어, 그건 확실히 내가 생각했던 언니의 입에서 나올 말이 아닌데. 가만, 마법의 숲이라고? 아버지가 우리에게 경고했던 그 숲? |

| ELSA | Yes. | 엘사 | 맞아. |

| ANNA | **Why would you do that?**❶ | 안나 | 그런 짓을 대체 왜 한 거야? |

| ELSA | Because of the Voice. I know it sounds crazy, but I believe whoever is calling me, is good. | 엘사 | 목소리 때문이었어. 정신 나간 소리처럼 들린다는 건 나도 알지만, 누가 나를 부르는지는 몰라도 그 존재가 선한 존재라는 걸 난 믿어. |

| ANNA | How can you say that? Look at our kingdom! | 안나 | 어떻게 그렇게 말할 수 있지? 우리의 왕국을 보라고! |

| ELSA | I know. It's just that my magic can feel it. I can feel it. | 엘사 | 나도 알아. 단지 나의 마법이 그것을 느끼기 때문에 그래. 내가 느낄 수 있다고. |

| ANNA | Okay. | 안나 | 알았어. |

All of a sudden, the ground rumbles again.

갑자기, 땅이 다시 우르릉거리기 시작한다.

| ANNA | Oh, no. What now? | 안나 | 오, 안 돼. 또 뭐지? |

Kristoff rushes over to the **mountain pass** as familiar boulders come rolling in.

크리스토프가 산길 쪽으로 뛰어가는데 익숙한 바위들이 굴러들어온다.

**KRISTOFF** The **trolls**?

크리스토프 트롤?

Bulda **unrolls**, **toppling** him **over**.

불다가 몸을 펴며 그에게 넘어진다.

---

sheepish 당황해/멋쩍어하는, 수줍어하는

warn 경고하다, 주의를 주다

mountain pass 산길

troll (스칸디나비아 신화에서 나오는 거인이나 난쟁이) 트롤

unroll (말린 것을) 펼치다, 펴다

topple over 넘어지다

❶ **Why would you do that?**
대체 왜 그런 짓을 하는 거지?
would가 있음으로써 상대방의 행동이 이해되지 않는다는 듯이 '대체 왜 (어떤 의도로) 이런 행동을 하는 거야?'라고 묻는 뉘앙스가 되죠. 그에 반해, would의 자리에 did를 넣으면 단순히 왜 그런 행동을 했냐고 이유를 묻는 것이지요. Why did you do that? '왜 그랬니?' 이렇게 말이에요.

| | | |
|---|---|---|
| **BULDA** | Kristoff! We missed you! | 불다  크리스토프! 보고 싶었어! |
| **ELSA** | Pabbie. | 엘사  패비. |

Back on Anna and Elsa, as Grand Pabbie, the leader, unrolls before them.

다시 안나와 엘사의 모습. 지도자 패비 할아버지가 그들 앞에서 몸을 편다.

| | |
|---|---|
| **PABBIE** | Well, **never a dull moment❶** with you two. I hope you are **prepared for** what you have done, Elsa. Angry magical spirits are **not for the faint of heart**. |

패비  자, 너희 둘이 있는 곳은 지루할 틈이 없구나. 네가 저지른 일에 대해서 준비되어 있기를 바란다. 엘사. 화난 마법의 정령들은 심약한 사람을 위한 것이 아니니까.

| | |
|---|---|
| **ANNA** | Why are they still angry? **What does all of this have to do with Arendelle?❷** |

안나  그들이 왜 아직도 화가 나 있는 거죠? 이 모든 일이 아렌델과 무슨 상관이 있는 건가요?

| | |
|---|---|
| **PABBIE** | Let me see what I can see. |

패비  내가 뭘 볼 수 있을지 한번 보자꾸나.

---

prepare for ~를 준비하다
not for the faint of heart 심약한 사람들을 위한 것이 아닌

❶ **Never a dull moment.** 지루할 틈이 없다.
dull은 '따분한, 지루한, 재미없는'이라는 형용사로 '숨 쉴 새도 없이 바쁘다' 관용표현이에요.

❷ **What does all of this have to do with Arendelle?**
이 모든 일이 아렌델과 대체 무슨 상관이 있는 거죠?
have to do with ~는 '~과 관련성/연관성이 있다'는 숙어로 I have nothing to do with this. '나 이 일과 아무런 관련이 없어' 이렇게 쓸 수 있어요.

# Olaf, the King of Trivia

상식 퀴즈의 달인, 올라프

🎧 11.mp3

Pabbie turns to **call on** the Northern lights. We see, the dam their Grandfather built, **opposing armies** battling, a **fragile** Arendelle—

패비가 북쪽의 빛을 부르려고 돌아선다. 그들의 할아버지가 건설한 댐과 대치하는 양군의 전투. 곧 허물어질 것만 같은 아렌델이 보이는데—

**PABBIE** The past is not what it seems. A wrong demands to be **righted**. Arendelle is not safe, the truth must be found. Without it…

패비 과거는 보는 것과 달라. 잘못된 것이 바로잡히길 요구하지. 아렌델이 안전하지 않아. 진실이 밝혀져야만 해. 그러지 않으면…

In the sky, the image of Arendelle **bursts into nothingness**.

하늘에는 아렌델의 이미지가 갑자기 무의 상태로 펑 하고 변해버린다.

**PABBIE** (upset) I see no future.

패비 (속상해하며) 미래가 보이지 않아.

**ANNA** No future…?

안나 미래가 안 보인다고요…?

Kristoff arrives back at Anna.

크리스토프가 안나의 옆으로 온다.

**PABBIE** When one can see no future, **all one can do is the next right thing.**①

패비 미래를 볼 수 없을 때 할 수 있는 것은 오직 그다음 옳은 일뿐이지.

**ELSA** The next right thing is for me to go to the enchanted forest and find that Voice. Kristoff, can I borrow your **wagon** and Sven?

엘사 내게 있어서 다음 옳은 일은 마법의 숲으로 가서 그 목소리를 찾는 거예요. 크리스토프, 마차하고 스벤 좀 빌려도 될까요?

**KRISTOFF** I'm not very **comfortable with** the idea of that.

크리스토프 글쎄 그건 별로 내키지 않네요.

**ANNA** You're not going alone.

안나 언니 혼자 가면 안 돼.

**ELSA** Anna, no, I have my powers to protect me, you don't.

엘사 안나, 아냐, 내겐 나 자신을 보호할 수 있는 마법의 힘이 있지만, 넌 아니잖아.

**ANNA** Excuse me. I climbed the North Mountain, survived a frozen heart, and saved you from my ex-boyfriend, and I did it all without powers, so you know, I'm coming.

안나 이봐요. 난 북쪽 산을 올랐고, 심장이 얼어붙었는데도 살아남았고, 게다가 내 전 남자친구로부터 언니를 구했다고. 그리고 이 모든 것을 마법의 힘 없이 했어. 그러니까 당연히 나도 갈 거야.

---

call on 요청하다, 기도하다
opposing armies 서로 대치하는 양군
fragile 부서지기/손상되기 쉬운
right (잘못된 것을) 바로잡다
burst into 갑자기 ~하다/~을 내뿜다
nothingness 무, 공허, 존재하지 않음
wagon 화물 기차, 화차, 마차
comfortable with ~을 편하게 느끼는

> ❶ **All one can do is the next right thing.**
> 할 수 있는 것은 오직 그다음 옳은 일뿐이지.
> 〈All + 사람 + can do is ~〉는 '오직 ~가 할 수 있는 것은 ~뿐이다'라는 의미로 쓸 수 있는 패턴 표현이에요. All I can do is hope for the best. '내가 할 수 있는 것은 최선을 다하길 바랄뿐이다' 이런 식으로 쓰인답니다.

**KRISTOFF** Me, too. I'll drive.

크리스토프  나도 갈래. 내가 운전할게.

Before Elsa can **argue**, Olaf suddenly runs by covered in a crystal-made **tutu** and **bra**.

엘사가 뭐라 하기도 전에 갑자기 올라프가 결정체로 만든 튀튀와 브라를 쓰고 옆으로 뛰어가며.

**OLAF**    I'll bring the snacks.

올라프  난 간식을 챙길게.

**PABBIE**  I will **look after** your people.

패비  나는 너희의 사람들을 돌보마.

**ANNA**    Please make sure they **stay out of** the kingdom until we return.

안나  우리가 돌아올 때까지 그들이 절대 왕국에 들어가지 못하게 해 주세요.

**PABBIE**  Of course.

패비  물론이지.

Elsa realizes, she's not going to go anywhere without her family.

엘사가 깨닫는다. 이 가족들 없이 그녀는 그 어디로도 갈 수 없다는 것을.

**ELSA**    Let's **let them know**.

엘사  그들에게 알리자.

Everyone goes to head out, but Pabbie calls out—

모두가 밖으로 향해 가는데, 패비가 부른다—

**PABBIE**  Anna– (she returns to him) I am worried for her. We have always feared Elsa's powers were too much for this world. Now, we must pray they are enough.

패비  안나– (그녀가 그에게 돌아온다) 난 엘사가 걱정돼. 우린 늘 엘사의 마법의 힘이 이 세상에서는 너무 과하지 않을까 걱정했지. 그런데 지금은 그 힘이 충분하기를 기도해야만 하네.

That hits Anna hard. But she **shakes it off**, determined.

안나가 한 대 맞은 것처럼 아찔하다. 하지만 그녀가 그러한 생각을 털어내고 결심한다.

**ANNA**    I won't let anything happen to her.

안나  난 절대 언니에게 무슨 일이 생기게 그냥 두지 않을 거예요.

EXT. FJORDS – **DAWN**
Our gang **sets out** as the sun rises past the **lush** fjords.

외부. 피오르 – 새벽
초목이 무성한 피오르를 지나며 해가 떠오르고 우리 친구들이 출발한다.

**OLAF**    (O.S.) Who**'s into trivia**? I am! Okay!

올라프  (화면 밖) 상식 퀴즈 좋아하는 사람? 내 좋아어!

**High Noon**: They pass the lush waterfalls **lining** the fjord mountains, as the sun **beats down** from high above.

정오: 그들이 피오르 산들을 따라 늘어서 있는 멋진 폭포들을 지난다. 저 높은 곳에서 햇볕이 강렬하게 내리쬐고 있다.

---

argue 언쟁하다, 다투다

tutu 발레할 때 입는 치마, 투투/튀튀

bra 브라 (= 브래지어)

look after ~을 돌보다/살피다

stay out of ~에 관여하지 않다, ~을 피하다

let someone know ~에게 알리다/말하다

shake off (생각, 느낌 등을) 떨치다

dawn 새벽, 여명, 동이 틀 무렵

set out (일, 과제 등에) 착수하다/나서다

lush (장소가) 푸른 풀이 많은, 우거진

be into something ~에 관심이 많다

trivia 일반상식 퀴즈, 하찮은/사소한 정보

high noon 정오, 한낮

line ~을 따라 늘어서다, 줄을 세우다

beat down (햇볕이) 쨍쨍 내리쬐다

### 바로 이장면!*

**OLAF** (O.S.) Did you know that water has memory? True fact. It's **disputed** by many, but it's true.

올라프 (화면 밖) 물에게 기억이 있다는 거 알아? 진짜 사실이야. 많은 사람이 이의를 제기하지만, 그래도 사실이야.

Sunset: They pass the ICE PALACE.

일몰: 그들이 얼음 궁전을 지난다.

**OLAF** Did you know men are six times **more likely to be struck by lightning**?

올라프 남자가 여자보다 벼락에 맞을 확률이 여섯 배나 높다는 거 알아?

**Twilight**: They pass a beautiful lake.

황혼: 그들이 아름다운 호수를 지난다.

**OLAF** Did you know gorillas **burp** when they are happy?

올라프 고릴라는 기쁠 때 트림하는 거 알아?

Night: They travel along a **precarious** cliff road.

밤: 그들이 위태로운 절벽 도로를 따라가고 있다.

**OLAF** Did you know we **blink** four million times a day?

올라프 우리가 하루에 4백만 번 눈을 깜박이는 거 알아?

Night: The road **narrows**.

밤: 길이 좁아진다.

**OLAF** Did you know **wombats poop** squares?

올라프 웜뱃들은 똥이 정사각형인 거 알아?

Night: The road is gone. It's just **tundra** through a valley pass.

밤: 길이 사라졌다. 계곡 길을 따라 툰드라만 있다.

**KRISTOFF** Did you know sleeping quietly on long journeys **prevents insanity**?

크리스토프 긴 여행길에는 조용히 잠을 자야 정신이 이상해지는 걸 막을 수 있다는 거 알아?

**OLAF** Yeah, that's not true.

올라프 응, 그건 사실이 아니야.

**KRISTOFF, ELSA, ANNA** It's true. It's definitely true. It's the truth.

크리스토프, 엘사, 안나 사실이야. 확실히 사실이야. 진리라고.

**OLAF** Well, that was **unanimous**, but I will **look it up** when we get home.

올라프 에구, 만장일치네. 그렇지만 그것에 대해서는 집에 가면 좀 더 알아볼게.

---

dispute 반박하다, 이의를 제기하다

more likely to 좀 더 ~할 것 같은

be동사 + struck by lightning 벼락을 맞다

twilight 황혼, 땅거미

burp 트림하다

precarious 불안정한, 위태로운

blink 눈을 깜박이다

narrow 좁아지다

wombat 웜뱃 (작은 곰같이 생긴 호주 동물)

poop 똥을 싸다

tundra 툰드라, 동토대 (한대지역 영구 동토 지질)

prevent 막다, 예방/방지하다

insanity 정신이상, 광기

unanimous 만장일치의

look something up (정보를) 찾아보다

# Crazy or Naive?
정신이 나간 건가 아니면 순진한 건가?

🎧 12.mp3

EXT. BACK OF WAGON – NIGHT
Olaf sleeps cutely against Elsa. Anna sits up front with Kristoff.

외부, 마차의 뒤쪽 – 밤
올라프가 엘사에게 기대 귀엽게 잠을 잔다. 안나는 크리스토프와 함께 앞쪽에 앉아있다.

**ANNA**    They're both asleep... (**flirting**) So, what do you want to do?

**안나**    둘 다 잠들었네… (유혹하듯 끈적하게) 그래, 넌 뭐하고 싶어?

**KRISTOFF**    (he's got an idea) Sven, keep us **steady**, will yah?

**크리스토프**    (뭔가 떠오른듯) 스벤, 천천히 안정적으로 가줘. 그래 줄 거지?

Sven gives a nod and starts to **prance**, **romantically**. Anna smiles then closes her eyes and leans in for her kiss. As she closes her eyes, Kristoff pulls out the ring.

스벤이 고개를 끄덕이고 낭만적으로 천천히 가기 시작한다. 안나가 미소를 지으며 눈을 감고 키스하려고 다가간다. 그녀기 눈을 감을 때 크리스토프가 반지를 까낸다.

#### 바로 이장면!*

**KRISTOFF** Anna. Ahem, Anna, remember our first trip like this, when I said you'd have to be crazy to want to marry a man you just met?

**크리스토프** 안나. 에헴, 안나, 예전에 우리가 지금처럼 처음으로 여행했던 거 기억나니. 그때 내가 너한테 방금 만난 사람과 결혼하고 싶어 하다니 미친 거 아니냐고 말했었잖아?

**ANNA**    Wait, what? Crazy? You didn't say I was crazy. You think I'm crazy?

**안나**    잠깐, 뭐라고? 미쳤다고? 미쳤다고는 안 그랬잖아. 넌 내가 미친 거 같니?

He **closes his hand**, hiding the ring.

그기 반지를 감추려고 손을 오므린다.

**KRISTOFF** No. I did. You were. (off Sven's warning **groan**) Not crazy. Clearly. Just **naive**.

**크리스토프** 아니, 그렇게 말했지. 네가 미쳤었잖아. (스벤의 경고하는 신음을 듣고) 미친 건 아니고, 분명히 그냥 너무 순진한 거지.

Anna looks even more **offended**. Sven groans again.

안나가 더욱 기분 나빠하는 표정이다. 스벤이 다시 신음을 낸다.

---

flirt 추파를 던지다, 집적거리다

steady 흔들림 없는, 안정된

prance (과장되게 뽐내며) 활보하다, 껑충거리며 다니다

romantically 낭만적으로

close one's hand 손을 쥐다

groan 신음, 끙 하는 소리

naive 순진한, 순진해 빠진, 경험이 없는

offend 기분 상하게 하다, 불쾌하게 하다

**KRISTOFF** Not naive. Just **new to** love. Like I was. And when you're new, you're **bound to get it wrong**.

**ANNA** So you're saying I'm wrong for you?

**KRISTOFF** What? No. No, no, I'm not saying you're wrong or crazy, I'm saying that it's—

The Voice calls out waking Elsa.

**ELSA** Kristoff, stop.

**KRISTOFF** Good idea.

---

**ELSA** I hear it. I hear the Voice.

**ANNA** You do?

Kristoff pulls the **reins**. Elsa hops out. Anna **nudges** Olaf.

**ANNA** Olaf, wake up.

Elsa rushes over a small **rise** on the road's edge. What she sees fills her with emotion. The others join. They're **blown away**, too, by the sight of—

EXT. NORTHULDRA FOREST – DAWN
Across a wide flat **plain**, a tall line of trees is **shrouded** in what is clearly a magical mist. It seems to **roll up** and in on itself, **sparkling** with **particles** of magic. Elsa **draws her breath**, and, as if pulled by a force she can't resist, she climbs down the cliff. The others follow.

Elsa rushes across the plains. She stops a slight distance from the mist. She says nothing as the others **catch up**. Kristoff approaches the mist. Olaf follows him. Kristoff tries to walk into the mist. It **springs back**.

크리스토프 순진한 게 아니라. 그냥 사랑이 처음이라 서툰 거지. 내가 그랬던 것처럼. 그리고 처음에는 누구나 다 실수하게 마련이고.

안나 그러니까 네 말은 너에게 나는 안 맞는다는 거니?

크리스토프 뭐라고? 아니. 아니. 아니. 네가 실수라거나 미쳤다거나 그런 말이 아니라. 내 말은 그러니까—

그 목소리의 외침이 엘사를 깨운다.

엘사 크리스토프, 멈춰요.

크리스토프 좋은 생각이에요.

엘사 들려. 그 목소리가 들려.

안나 들려?

크리스토프가 고삐를 잡아당긴다. 엘사가 마차에서 뛰어내린다. 안나가 올라프를 깨운다.

안나 올라프, 일어나.

엘사가 길 가장자리에 있는 작은 오르막으로 뛰어간다. 그녀의 눈에 보이는 것이 그녀의 감정을 벅차게 한다. 나머지도 합류한다. 그들 역시 그 광경을 보며 감정이 벅차오른다—

외부. 노덜드라 숲 – 새벽
넓고 평평한 평지를 가로질러 줄지어 선 키 큰 나무들이 확실히 마법으로 보이는 안개에 둘러싸여 있다. 스스로 마법의 입자들로 반짝이며 뭉게뭉게 피어오르고 안으로 밀려들어 오는 것처럼 보인다. 엘사가 숨을 들이쉰다. 그리고 마치 저항할 수 없는 힘에 당겨진 것처럼 그녀가 절벽 밑으로 내려간다. 다른 이들도 그녀를 따라간다.

엘사가 평야를 가로질러 뛴다. 그녀가 안개로부터 약간의 거리를 두고 멈춘다. 다른 이들이 그녀를 따라잡는 동안 그녀는 아무 말도 하지 않는다. 크리스토프가 안개 쪽으로 다가간다. 올라프가 그를 따른다. 크리스토프가 안개 속으로 걸어 들어가려고 한다. 다시 튕겨 나온다.

---

new to 경험이 없는. ~에게 새로운

be동사 + bound to 반드시 ~하다

get something wrong (상황을) 오해하다

rein 고삐

nudge (팔꿈치로 살짝) 쿡 찌르다

rise 오르막

be동사 + blown away 깊은 인상을 받다. 놀라다. 가슴 벅차게 되다

plain 평원. 평야

shroud 뒤덮다. 가리다. 둘러싸다

roll up 뭉게뭉게 피어오르다

sparkle 반짝이다. 광채가 나다

particle 입자. 미립자

draw one's breath 숨을 들이쉬다. 살아있다

catch up (앞 사람을) 따라가다/따라잡다

spring back 되튀다. 튀어 물러나다

Olaf gets an idea. He **makes a run for it**, bounces back as if bouncing off balloons. He giggles. Olaf goes for it, again and again, laughing **hysterically**. Elsa approaches the mist, taking Anna's hand for strength. She reaches out the other hand to touch the mist. Instead of bouncing back, it sparkles and **parts**, revealing four giant monoliths and a way into the forest. The girls look at each other. They're going in. Before they step forward, Anna squeezes Elsa's hand.

**ANNA**       (to Elsa) Promise me we'll do this together.

**ELSA**       I promise.

The boys catch up with the girls. They all enter the mist with **curiosity**. It closes behind them.
INSIDE THE MIST: It sparkles beautifully, yet, Sven **grunts** nervously.

**KRISTOFF** It's okay.

**OLAF**       Did you know that an enchanted forest is a place of **transformation**? I have no idea what that means. (suddenly **ominous**) But **I can't wait to see**[1] what it's going to do to each one of us.

As Anna, Elsa, and Kristoff look to each other with concern, the mist suddenly starts to shove them forward, hard, fast.

**GANG VARIOUS**       Hey. **What the.**[2] No pushing. What is this? Too fast.

They are forced to run. They **stumble**, get turned around.

올라프에게 아이디어가 떠오른다. 그가 뛰어서 돌진한다. 마치 풍선에 부딪혀 튕겨 나오는 것처럼 뒤로 튕겨 나온다. 그가 킥킥거린다. 올라프가 다시 도전한다. 다시 또다시, 미친 듯이 웃는다. 엘사가 안개 쪽으로 다가간다. 힘을 얻기 위해 안나의 손을 잡고. 그녀가 다른 한 손으로 안개를 만지려고 손을 뻗는다. 튕겨 나오는 대신, 안개가 반짝이며 양쪽으로 갈라진다. 네 개의 고대 거석이 드러나고 숲으로 들어가는 길이 보인다. 엘사와 안나가 서로를 쳐다본다. 그들이 들어간다. 발을 내딛기 전에 안나가 엘사의 손을 꽉 쥔다.

**안나** (엘사에게) 우리가 함께할 거라고 약속해 줘

**엘사** 약속할게.

남자들이 여자들을 따라잡는다. 호기심을 가지고 그들이 모두 안개 속으로 들어간다. 그들 뒤에서 안개가 닫힌다.
안개 속: 아름답게 반짝거리지만, 스벤이 신경질적으로 끙 앓는 소리를 낸다.

**크리스토프** 괜찮아.

**올라프** 마법의 숲은 변신의 장소라는 거 알아? 그게 무슨 말인지 나도 전혀 모르겠지만. (갑자기 불길한 말투로) 그렇지만 이 마법의 숲이 우리 각자에게 무엇을 할지 궁금해 죽겠어.

안나, 엘사, 그리고 크리스토프가 근심하며 서로에게 의지하듯 바라본다. 안개가 갑자기 그들을 앞쪽으로 밀친다. 세게, 빠르게.

**여러 무리** 야. 이런. 밀지마. 이게 뭐지? 너무 빨라.

그들이 뭔가에 밀려서 뛴다. 그들이 휘청거리며 몸이 돌아간다.

---

make a run for it 필사적으로/급히 돌진하다
hysterically 히스테리에 걸려, 흥분해
part (두 사물, 부분이) 갈라지다, 벌어지다
curiosity 호기심
grunt 꿀꿀거리다, 끙 앓는 소리를 내다
transformation 변신, 탈바꿈, 변화
ominous 불길한
stumble 발을 헛디디다, 휘청거리다

❶ **I can't wait to see ~**
그거 보고 싶어 죽겠다.
can't wait to ~는 무엇이 너무 하고 싶어서 못 기다리겠다는 뜻으로 I can't wait to see you. '너 정말 빨리 보고 싶다' 이렇게 쓰여요.

❷ **What the...** 이런···
이 표현의 뒤에는 욕설이 붙는 경우가 많은데, '이런, 세상에나, 맙소사' 정도의 극한 감정으로 뒤의 단어를 생략하고도 쓸 수 있어요.

# Stumbling Kristoff

버벅거리는 크리스토프

🎧 13.mp3

EXT. ENCHANTED FOREST – DAY
Our gang is shoved through the mist and out into the woods. The mist then shuts **tightly** behind them.

**KRISTOFF** What was that?

Olaf goes right back to banging against the mist and giggling. **Boing**, Boing. The others bang on the mist.

**ANNA**　No. No, no, no, no.

Elsa tries to open the mist again with her magic, but it just bounces back onto her. They **come to terms with** being **shut in**.

**ANNA**　And... we are **locked in**. Probably should have seen that one coming.

Elsa gives up on the mist and turns to face the forest. She steps forward, in awe.

**ELSA**　This forest is beautiful.

We switch to her POV of this **pristine, ethereal** forest. Our gang moves through the trees, captivated. Elsa **is caught by** the **canopy** that disappears into the mist-covered sky. Sven **darts about**, **scratching his back** on the strong tree **trunks**. Anna moves through the soft **rays** of light **cutting through** the **dreamy atmosphere**. She steps over a rise and stops at the edge of a cliff looking out on– THE MIGHTY DAM from her father's tale. She draws a breath. As Kristoff approaches—

외부. 마법의 숲 – 낮
우리의 친구들이 안개 속에서 밀려 수풀 속으로 나오게 된다. 그리고 안개가 그들 뒤에서 꽉 닫힌다.

**크리스토프** 저게 뭐였지?

올라프가 곧바로 다시 돌아가서 안개에 쿵쿵 부딪히며 키득거린다. 펑, 펑. 다른 친구들도 안개에 부딪힌다.

**안나** 안 돼. 안 돼, 안 돼, 안 돼, 안 돼.

엘사가 그녀의 마법으로 다시 안개를 열려고 시도하지만, 다시 그녀에게로 튕겨 나올 뿐이다. 그들이 안에 갇히는 것에 대해 받아들이는 법을 배운다.

**안나** 그리고... 우리는 안에 갇혔네. 아마도 이렇게 될 거라는 걸 예상했어야 했는데.

엘사가 안개를 열려고 하는 것을 포기하고 숲을 향해 돌아선다. 그녀는 경외심을 갖고 한 발 앞으로 나선다.

**엘사** 숲이 참 아름답다.

자연 그대로의, 천상의 숲에 대한 그녀의 시점으로 넘어간다. 우리의 친구들은 매료되어 나무들 사이를 옮겨 다닌다. 엘사가 안개로 가려진 하늘 속으로 사라지는 나무 지붕의 모습에 푹 빠졌다. 스벤이 단단한 나무 몸통들에 등을 긁으며 총총 돌아다닌다. 안나가 몽환적인 대기를 관통하는 부드러운 빛살 사이로 걷는다. 그녀가 오르막을 넘어서 절벽 가장자리에서 멈추는데 그 절벽에서 보이는 것은— 그녀의 아버지가 전해준 이야기 속에 나오는 웅장한 댐이다. 그녀가 숨을 들이쉰다. 크리스토프가 다가오는데—

---

tightly 단단히, 빽빽이

boing 뛰거나 튈 때 소리/모양, 펑

come to terms with ~와 합의를 보다

shut in 갇히다

lock in 가두다, 감금하다

pristine 아주 깨끗한, 자연 그대로의

ethereal 천상의

bo동사 + caught by ~에 걸려들다/휘말리다

canopy (숲의) 지붕 모양으로 우거진 것, 덮개

dart about 촐랑촐랑 날뛰며 돌아다니다

scratch one's back 등을 긁다

trunk 나무의 몸통

ray 광선, 빛살

cut through ~사이를 가르다

dreamy 꿈같은, 몽환적인

atmosphere 대기, 공기, 분위기

61

**ANNA** The dam. It still stands. It was in Grand Pabbie's **visions**. But why?

안나 그 댐이야. 아직도 그대로 있네. 패비 할아버지의 환상 속에 나왔잖아. 그런데 왜지?

**KRISTOFF** I don't know. But it's still **in good shape**. **Thank goodness**.

크리스토프 나도 몰라. 근데 아직도 상태가 좋네. 다행이다.

**ANNA** What do you mean?

안나 무슨 뜻이야?

**KRISTOFF** Well, if that dam broke, it would send a **tidal wave** so big, it would **wash away** everything on this fjord.

크리스토프 아, 그 댐이 무너졌으면, 아마도 엄청난 해일을 유발할 거고, 그러면 이 피오르에 있는 모든 것을 다 쓸어버릴 테니까.

**ANNA** Everything? But Arendelle's on this fjord.

안나 모든 것을? 그런데 아렌델도 이 피오르에 있잖아.

He sees the worry on her face.

그가 그녀의 얼굴에 서린 근심을 본다.

**KRISTOFF** Nothing's gonna happen to Arendelle, Anna. It's going to be fine. Come here.

크리스토프 아렌델에는 아무 일도 없을 거야, 안나. 괜찮을 거라고. 이리로 와봐.

He puts an arm around her, **comfortingly**. She leans into him. Kristoff looks over his shoulder to see Sven giving him the **wingman**'s signal that this is a good time to propose to Anna.

그가 안나를 위로하며 그녀를 팔로 안는다. 그녀가 그에게 기댄다. 크리스토프가 어깨너머로 보니 스벤이 지금이 프러포즈하기에 딱 좋은 때라는 신호를 보내고 있다.

### 바로 이장면!*

**KRISTOFF** You know, **under different circumstances**, this would be a pretty romantic place. Don't you think?

크리스토프 있잖아, 아마 상황이 좀 달랐더라면, 여기가 꽤 낭만적인 장소였을 것 같아, 안 그러니?

**ANNA** (confused) Different circumstances? You mean like with someone else?

안나 (혼란스러워하며) 상황이 달랐다면? 그러니까 다른 사람이랑 함께 있는 상황 말이야?

**KRISTOFF** What? No, no.

크리스토프 뭐? 아냐, 아냐.

He pulls the ring out of his inside pocket.

그가 안주머니에서 반지를 꺼낸다.

**KRISTOFF** I'm saying–

크리스토프 내 말은–

---

vision 시력, 시야, 환영, 환상
in good shape 상태가 좋은
Thank goodness! 정말 다행이다 (안도, 감사)
tidal wave 해일
wash away 쓸어가다, 씻어내다, ~을 유실되게 하다
comfortingly 위안/격려가 되게
wingman (편대 비행의) 대장 호위기, 조종사
under different circumstances 다른 상황/환경에서

Kristoff **clears his throat.**

**KRISTOFF** **Just in case** we don't **make it out** of here—

크리스토프가 목을 가다듬는다.

**크리스토프** 우리가 혹시라도 여기에서 못 나가게 될 경우를 대비해서—

**ANNA** Wait, what? You don't think we're going to make it out of here?

**안나** 잠깐, 뭐라고? 넌 우리가 여기에서 못 나갈 거라고 생각하니?

**KRISTOFF** No, no. I mean, we will make it out of here. Well, **technically** the **odds** are kinda **complicated.** But my point is, **in case** we die—

**크리스토프** 아니, 아니. 내 말은, 우리가 여기에서 무사히 나갈 거야. 뭐, 엄밀히 말하면 그럴 가능성이 좀 복잡하긴 한데. 하지만 내가 말하고 싶은 건, 우리가 혹시라도 죽게 되면—

Anna starts to panic.

안나가 공황 상태에 빠지기 시작한다.

**ANNA** You think we are going to die?

**안나** 넌 우리가 죽을 거라고 생각하니?

**KRISTOFF** No! No, no, no, we will die **at some point**, but not at any **recent** time will we die.

**크리스토프** 아니! 아니, 아니, 아니, 우리가 언젠가는 죽겠지만, 당장 죽지는 않을 거야.

**ANNA** Where's Elsa? I **swore** I would**n't leave her side.** Elsa?

**안나** 엘사는 어디 있지? 난 언니의 곁을 떠나지 않을 거라고 맹세했단 말이야. 엘사?

Anna runs off.

안나가 뛰어간다.

**KRISTOFF** ...but **way** far in the future we will die!

**크리스토프** ...하지만 아주 먼 미래에 우리는 죽게 될 거야!

Sven approaches Kristoff having **watched the awkward** moment **from the sidelines**, he grunts. Kristoff puts a hand on his mouth.

한쪽에서 이 어색한 상황을 지켜본 스벤이 크리스토프에게 다가온다. 그가 끙 신음을 낸다. 크리스토프가 그의 입에 손을 얹는다.

**KRISTOFF** Don't **patronize** me!

**크리스토프** 나를 가르치려 하지 마!

---

clear one's throat 헛기침을 하다, 목을 가다듬다

just in case 만약을 위해서

make it out 〈구어〉 도망치다, 탈출하다

technically 엄밀히 따지면/말하면

odds (어떤 일이 있을) 공산/가능성

complicated 복잡한

in case ~한 경우에는

at some point (알 수는 없지만) 언젠가는

recent 최근의

swear 맹세하다, 선서하다 (swear-swore)

not leave someone's side (보살핌) ~의 옆을 떠나지 않다

way (부사) 아주, 훨씬, 큰 차이로

watched the awkward 어색한, 곤란한, 불편한

from the sidelines (관여하지 않고) 옆에서 구경하는

patronize 가르치려 들다, 깔보는 듯한 태도로 대하다

# When I Am Older
### 나도 나이가 들면

🎧 14.mp3

BACK WITH ELSA: She walks through the beautiful trees.
BACK TO **CREEPY** POV FROM THE TREE TOPS: Something rushes toward Elsa without her knowing.
BACK ON ELSA: Her eyes suddenly shoot around as she **senses** something.

**ANNA** (O.S.) Elsa!

Elsa **startles**, turns towards Anna.

**ANNA** **There you are.**❶ You okay?

**ELSA** I'm fine.

**ANNA** Okay, good... Where's Olaf?

They both look around, concerned.

EXT. SOME OTHER PART OF THE FOREST – DAY
Olaf **wanders**, lost.

**OLAF** Um... Anna? Elsa? Sven? Samantha? **(laughing himself silly)** Ha! I don't even know a Samantha. Ha ha ha ha.

He falls back into a pile of leaves, not worried at all. But suddenly the leaves shoot out from under him and into the air.

**OLAF** Whoa.

다시 엘사 모습: 그녀가 아름다운 나무들 사이로 걸어간다.
다시 나무 꼭대기에서 바라보는 으스스한 시점: 엘사 모르게 뭔가가 그녀를 향해 쌩 다가온다.
다시 엘사 모습: 뭔가를 감지하고 그녀의 시선이 갑자기 여기저기를 살핀다.

**안나** (화면 밖) 엘사!

엘사가 깜짝 놀라서 안나 쪽으로 돌아선다.

**안나** 거기 있었구나. 언니 괜찮아?

**엘사** 난 괜찮아.

**안나** 그래, 다행이다… 올라프는 어디 있어?

그들이 조심스럽게 주변을 돌아본다.

외부. 숲의 다른 지역 – 낮
올라프가 길을 잃고 헤매고 다닌다.

**올라프** 음… 안나? 엘사? 스벤? 사만타? (정신없이 웃는다) 해! 난 사만타라는 이름을 가진 사람은 알지도 못하는데. 하 하 하 하.

올라프가 나뭇잎 더미에 쓰러진다. 천하태평이다. 그런데 갑자기 나뭇잎들이 그의 밑에서 날아올라 공중으로 날아간다.

**올라프** 워.

---

creepy 오싹하게 하는, 으스스한
sense 감지하다, 느끼다
startle 깜짝 놀라다
wander (천천히) 돌아다니다, 헤매다
laugh oneself silly 정신없이 웃다

❶ **There you are.**
너 거기 있구나.
찾고 있던 사람이 눈앞에 나타났을 때 쓰는 표현이에요. 그 이외에도 상대방이 부탁한 것을 주면서 하는 말로 '자, 여기 있어'와 같은 뜻으로도 쓰이고, 남에게 무엇을 설명하거나 보여줄 때 '자, 보세요/됐죠'와 같은 의미로도 쓰입니다.

He spins around, looking, sees nothing, then **shrugs**. He hears a **cracking** sound in the trees then the **pile** of leaves drops back onto his head. He **contemplates**.

<u>OLAF</u>   (less sure) That's **normal**.

A rock falls **out of nowhere** and Olaf **trips** and **face-plants**.
SCARY **VAMP**: A **hot spring gust** pushes him back up again. This is getting weird. Something **scampers** through the trees. SCARY VAMP.

<u>OLAF</u>   What was that?

A large hole in the earth opens up.

<u>OLAF</u>   Samantha?

He **backs away**, sings.

WHEN I'M OLDER

그가 빙빙 돌면서, 보는데, 아무것도 안 보인다. 그러고는 어깨를 으쓱한다. 그가 나무들 속에서 갈라지는 소리를 듣는다. 그러고는 나뭇잎 더미들이 그의 머리 위로 다시 떨어진다. 그가 깊이 생각한다.

올라프 (별 확신 없이) 이런 건 정상적인 일이야.

바위 하나가 난데없이 떨어지고 올라프가 발이 걸려 넘어져 바닥에 얼굴을 박는다.
무서운 음악: 온천이 터지면서 그를 다시 일으킨다. 뭔가 좀 이상한 느낌이다. 뭔가가 나무들 사이로 날쌔게 움직인다. 무서운 음악.

올라프 뭐였지?

땅에 큰 구멍이 뚫린다.

올라프 사만타?

그가 뒷걸음질 치며 노래를 부른다.

나도 나이가 들면

바로 이장면!

<u>OLAF</u>   THIS WILL ALL **MAKE SENSE** WHEN I AM OLDER
SOMEDAY I WILL SEE THAT THIS MAKES SENSE
ONE DAY WHEN I'M OLD AND WISE
I'LL **THINK BACK** AND REALIZE
THAT THESE WERE ALL COMPLETELY NORMAL
EVENTS

A black line burns through the moss heading right for him. He jumps out of the way just in time. Thinks for a beat. Should he be worried? NAH!

<u>OLAF</u>   I'LL HAVE ALL THE ANSWERS WHEN I'M OLDER
LIKE, WHY WE'RE IN THIS DARK ENCHANTED
WOOD

올라프 나도 나이가 들면 이 모든 것이 다 이해될 거야
언젠가는 이것도 말이 된다는 걸 알게 되겠지
언젠가 내가 나이가 들고 지혜로워지면
오늘을 되돌아보면서 깨달을 거야
이것들이 모두 다 완전히 평범한 일들이라는 것을

검은 줄이 타며 이끼를 따라 그를 향해 간다. 그가 때맞춰 펄쩍 뛴다. 잠시 생각하다가. 그가 걱정했을까? 천만에!

올라프 나도 나이가 들면 모든 것에 대한 답을 알게 될 거야
왜 우리가 이런 사악한 마법의 숲에 있는 건지에 대해서도

---

shrug (어깨를) 으쓱하다

crack 갈라지다, 금이 가다, 깨지다

pile 무더기, 더미, 포개/쌓아놓은 것

contemplate 고려하다, 심사숙고하다

normal 보통의, 평범한, 정상의

out of nowhere 어디선지 모르게, 난데없이

trip 발을 헛디디다, 발이 걸려 넘어지다

face-plant (스키/보드) 넘어질 때 얼굴이 먼저 바닥에 닿다

vamp (재즈나 대중음악에서) 초반부에 나오는 단순하고 짧은 음악

hot spring 온천

gust 세찬 바람, 돌풍, 한바탕 터짐

scamper 날쌔게 움직이다

back away 뒷걸음질 치다, 피하다

make sense 의미가 통하다, 이해되다

think back 회상하다, 돌이켜 생각하다

He passes through a dark part of the forest— **overgrown vines** and **twisted** branches on both sides of him.

그가 숲의 어두운 지역을 지난다 - 그의 양쪽으로 무성하게 제멋대로 자란 덩굴 식물과 뒤틀린 나뭇가지들이 있다.

**OLAF** I KNOW IN A COUPLE YEARS
THESE WILL SEEM LIKE CHILDISH FEARS
AND SO I KNOW THIS ISN'T BAD, IT'S GOOD

**올라프** 난 알아 몇 년 후면
이런 것들이 유치한 두려움처럼 보일 거라는 걸
그래서 이게 나쁜 게 아니란 걸 알아, 좋은 거야

He sees the creepy glow of eyes **peering** out from the trees on **either side** of him. He gives a **tense** smile.

올라프가 한쪽 편에 서 있는 나무 사이에서 유심히 살피는 눈이 으스스하게 빛나는 것을 본다. 그가 긴장한 미소를 보인다.

**OLAF** Excuse me.

**올라프** 실례합니다.

He scurries out of the dark pass, into a small **clearing**. A large boulder rolls behind him. He doesn't notice.

그가 어두운 길을 종종걸음으로 벗어나 작은 빈터로 간다. 큰 바위 하나가 그의 뒤로 굴러온다. 그가 알아채지 못한다.

**OLAF** GROWING UP
MEANS **ADAPTING**
**PUZZLING OUT** YOUR WORLD AND YOUR PLACE

**올라프** 성장한다는 것은
상황에 적응한다는 것을 의미하지
너의 세상과 너의 집이 어떤 의미인지를 헤아리는 것

He spins around a tree, not spotting the flames bouncing in the bushes nearby.

그가 나무 주변을 빙 돈다. 근처에 있는 수풀에서 불꽃이 통통 튀는 모습을 알아채지 못하고.

**OLAF** WHEN I'M MORE **MATURE**
I'LL FEEL TOTALLY SECURE

**올라프** 내가 더 성숙해지면
난 완전히 안정감을 느낄 거야

Olaf looks down in a river and sees a **distorted**, **rippling** version of his own face.

올라프가 강에서 밑을 내려다보니 비뚤어지고 파문을 일으키는 자기 얼굴이 보인다.

**OLAF** BEING WATCHED BY SOMETHING WITH A CREEPY CREEPY FACE.

**올라프** 뭔가 나를 쳐다보네 으스스하고 오싹한 얼굴이.

His own reflection is suddenly **taken over** by the **intense** face of a WATER HORSE, approaching from the river's **depths**. Now THAT **spooks** him!

강물에 비친 그의 얼굴이 갑자기 강렬한 물의 정령워터호스의 얼굴로 바뀌고, 강 깊은 곳으로부터 다가온다. 이제 그것이야말로 진짜 그를 놀래킨다!

---

overgrown (풀, 잡초 등이) 마구/제멋대로 자란

vine 포도나무, 덩굴 식물

twisted 뒤틀린, 일그러진

peer 유심히 보다, 응시하다, 눈여겨보다

either side 양쪽, 양측

tense 긴장한, 신경이 날카로운

clearing (숲속의) 빈터

adapt (상황에) 맞추다, 조정하다

puzzle out 생각하여 ~에 대한 답을 찾다

mature 어른스러운, 성인이 된, 성숙한

distorted 비뚤어진, 왜곡된

ripple 잔물결 모양을 이루다/일으키다

take over ~을 인계받다, 탈취/장악하다

intense 강렬한, 극심한

depths 깊은 물속

spook (유령 따위가) ~을 겁먹게 하다

**OLAF** AAAAAAAAAAAAAAAAAAAAAAAAAAAAAAA
AAAAAAAAAAAAAAAAAAAAAAAAAAAH!!!!!

While screaming in terror, he runs through the forest, **dodging** boulders and avoiding water **spouts**. He's picked up by a **vortex** of wind and thrown head first into a GIANT FOOTPRINT. He lands in pieces. Turns his head, blinks.

**OLAF** (while putting his body back together)
SEE, THAT WILL ALL MAKE SENSE WHEN I AM OLDER
SO **THERE'S NO NEED TO BE TERRIFIED**❶ OR TENSE

He climbs out of the **pit** Little Mermaid style.

**OLAF** I'LL JUST DREAM ABOUT A TIME
WHEN I'M IN MY AGED PRIME

He pushes his nose from the back of his head, through to the front. And **struts**, confident again.

**OLAF** (big finish)
'CAUSE WHEN YOU'RE OLDER
ABSOLUTELY EVERYTHING MAKES SENSE

As he **belts out** the final, the wind swirls behind him faster and faster, until it becomes a tornado, Olaf turns and sees it. GULP.

**OLAF** This is fine.

Olaf is suddenly swept into a windstorm. Just then, Anna, Elsa, Kristoff, and Sven arrive. They rush towards the **whirlwind**.

**ANNA** Olaf!

올라프 아아아아아아아아아아아아아아아아
아아아아아아아아아아아아아아!!!!!

올라프가 공포로 비명을 지르며 바위들을 싹싹 피하고 분출되는 물을 피하면서 숲을 관통하며 달린다. 그가 소용돌이에 휘말려 거인 발자국에 얼굴부터 처박힌다. 몸통이 분리된 채 착지, 고개를 돌려 눈을 깜박거린다.

올라프 (자기 몸을 다시 합체하는 동안)
봐봐, 나도 나이가 들면 그게 다 이해가 될 거야
그러니까 겁을 먹거나 긴장할 필요가 없어

그가 인어공주 스타일로 구덩이에서 기어 나온다.

올라프 난 그냥 그때에 대해서 꿈꿀 거야
내가 나이가 들고 전성기를 누릴 때

올라프가 그의 머리 뒤쪽에 있는 자신의 코를 앞쪽으로 쑥 밀어낸다. 그리고 다시 자신감 넘치는 걸음걸이로 젠체하며 걷는다.

올라프 (거창한 마무리)
왜냐하면 나이가 들면
확실히 모든 것이 다 이해가 되니까

그가 큰 소리로 마지막 가사를 노래할 때 그의 뒤에서 바람이 점점 빠르게 소용돌이치다가 토네이도로 변한다. 올라프가 돌아서서 그것을 본다. 꿀꺽.

올라프 이건 괜찮을 거야.

올라프가 갑자기 폭풍우에 휩쓸린다. 바로 그때, 안나, 엘사, 크리스토프, 그리고 스벤이 도착한다. 그들이 회오리바람 쪽으로 달려간다.

안나 올라프!

---

dodge 재빨리 휙 움직여 피하다

spout (액체의) 분출

vortex 소용돌이

pit 구덩이, 갱

strut 뽐내며 걷다, 활보하다

big finish 거창한 마무리

belt out 큰소리로 노래/연주하다

whirlwind 회오리바람, 돌개바람

❶ **There's no need to be terrified.**
겁먹을 필요가 없다.
〈There's no need to + 동사〉는 '~할 필요가 없다'는 의미의 패턴 표현이에요. 바꿔 말하면, 〈You don't need to + 동사〉와 동의 표현이라고 할 수 있겠네요. 예를 들어, There's no need to worry. '걱정할 필요 없어.' 이렇게 쓸 수 있어요.

**Before they know it**, they are completely swept up, too.
INSIDE THE VORTEX: they're all **whipped** around. They cry out and **flail**. Olaf's **parts** come **swinging** around.

**OLAF**      Hey, guys! Meet the wind spirit!

Kristoff sweeps past Elsa.

**KRISTOFF** Coming through.

Anna is **yanked** around **violently**. She grabs her mouth.

**ANNA**      Ooh, I think I'm going to be sick.

Olaf's head goes **sailing** by.

**OLAF**      I'd hold your hair back, but I can't find my arms.

His arms are in fact **sticking out** the back of his head. Kristoff and Sven **tumble** together. Sven **ends up** riding on Kristoff's shoulder. Elsa sees a branch **about to** hit Anna. She **BLASTS** it with her powers. This **gets the wind's attention**. It swirls around Elsa's hands, making her arms **flap** and flail.

**ELSA**      Hey, stop!

순식간에 그들 역시 완전히 휩쓸린다.
소용돌이 속: 그들이 모두 내동댕이쳐지고 있다. 그들이 비명을 지르며 마구 허우적댄다. 올라프의 신체 부분들이 빙빙 돌아다닌다.

**올라프** 얘들아! 바람의 정령에게 인사해!

크리스토프가 엘사 옆으로 휙 지나간다.

**크리스토프** 지나갑니다.

안나가 맹렬하게 휙 잡아당겨진다. 그녀가 자신의 입을 막는다.

**안나** 오오, 아무래도 나 토할 것 같아.

올라프의 머리가 옆으로 쓱 지나간다.

**올라프** 네 머리카락을 뒤에서 잡아주고 싶지만, 내 팔을 찾을 수가 없네.

그의 팔이 실제로 그의 머리 뒤로 튀어나와 있다. 크리스토프와 스벤이 함께 구른다. 결국 스벤이 크리스토프의 어깨에 올라탄 자세가 된다. 엘사가 막 안나를 칠 것 같은 나뭇가지를 본다. 그녀가 마법으로 그것을 날려버린다. 그것이 바람의 이목을 집중시킨다. 바람이 엘사의 손 주변에서 소용돌이치며 그녀의 팔을 퍼덕거리며 마구 움직이게 만든다.

**엘사** 이봐, 그만 좀 해!

---

before someone know it 순식간에, 갑자기
whip 채찍질하다, 휘젓다, 휙 잡아당기다
flail 마구 움직이다, (팔다리를) 마구 흔들다
parts 부품, 부분들
swing (전후좌우로) 흔들리다/흔들다
Coming through. (사람들 사이를 지나갈 때) 지나갑니다.
yank 휙 잡아당기다
violently 격렬하게, 맹렬히

sail 항해하다, 나아가다
stick out 툭 튀어나오다, ~을 내밀다
tumble 굴러떨어지다
end up 결국 ~(상황)이 되다
about to 막 ~하려는 참이다
blast 폭발시키다, 폭파하다
get someone's attention ~의 주목을 끌다
flap (새의 날개가) 퍼덕/펄럭거리다

# Water Has Memory

물에는 기억이 있다

🎧 15.mp3

The wind suddenly drops Kristoff, Sven, Anna, and all of Olaf's parts out of the vortex. The vortex then **turns into** a tight ball and climbs higher.
INSIDE THE VORTEX: Elsa tumbles as the vortex spins her faster and faster.
OUTSIDE THE VORTEX: The **gang scrambles up** and rushes toward the vortex.

**ANNA**     Elsa!

They try to get near the vortex, but the wind is too strong; they're forced back.

**ANNA**     Let her go!

BACK IN THE VORTEX: The vortex spins Elsa even more. **Desperate**, Elsa throws out a steady **stream** of snow magic. The snow mixes with the wind. The vortex becomes heavy, lowers to the ground.
OUTSIDE THE VORTEX: Anna is desperate to get to her sister, while Kristoff tries to get to Anna.

**KRISTOFF** Anna. Be careful!

Anna grows even more desperate.

**ANNA**     That's my sister!

BACK INSIDE THE VORTEX: Elsa, feet now on the ground, keeps mixing her magic with the wind's **might**. The vortex is a **whirl** of snow. She starts to hear voices and sees **snowy** figures spin around her— echoes of the forest and the past.

바람이 갑자기 크리스토프, 스벤, 안나, 그리고 올라프의 신체 부분들을 소용돌이 밖으로 떨어뜨린다. 그리고 소용돌이가 단단한 공으로 변해서 더 높이 올라간다.
소용돌이 안: 소용돌이가 그녀를 점점 더 빠르게 회전시키자 엘사가 계속 구른다.
소용돌이 밖: 우리의 친구들이 서로 밀치며 소용돌이 쪽으로 급하게 나아간다.

**안나** 엘사!

그들이 소용돌이에 가까이 가려고 하는데 바람이 너무 거세다; 그들이 뒤로 밀린다.

**안나** 그녀를 놔줘!

다시 소용돌이 안: 소용돌이가 엘사를 더 세게 굴린다. 필사적으로 엘사가 눈의 마법을 계속 쏘아댄다. 눈이 바람과 섞인다. 소용돌이가 무거워지면서 바닥으로 내려간다.
소용돌이 밖: 인나는 필사적으로 언니에게 다가가고, 크리스토프는 안나를 잡으려고 한다.

**크리스토프** 안나, 조심해!

안나가 더더욱 절박해진다.

**안나** 우리 언니란 말이야!

다시 소용돌이 안: 땅으로 내려온 엘사가 계속해서 바람의 강력한 힘과 그녀의 마법을 섞는다. 소용돌이가 눈의 소용돌이가 된다. 그녀가 여러 목소리를 듣기 시작하고 눈에 덮인 형상들이 그녀 주변에서 빙빙 도는 것을 본다 - 숲과 과거의 메아리들.

---

turn into ~으로 변하다, ~이 되다
gang 무리, 집단, 친구
scramble up 기어오르다
desperate 필사적인, 발악하는
stream (액체, 기체의) 줄기
might 〈격식〉 강력한 힘/에너지, 권력
whirl 빙빙 돌기, 선회하기
snowy 눈에 덮인, 눈처럼 하얀, 새하얀

**MATTIAS**       Prince Agnarr!

**KING RUNEARD**  For Arendelle.

The sounds and **figures** get **chaotic**, they **close in on** Elsa. Elsa closes her eyes and pushes against the vortex with all her magical strength.
BACK OUTSIDE THE VORTEX: SNOW FILLS THE AIR! **FLASH OUT WHITE!**

EXT. ICE SCULPTURE GARDEN
The air clears. The snow has **solidified** into beautiful ice sculptures – soldiers, animals, and more. Elsa stands in the center of the sculpture garden. The others **get to their feet**, **stunned**. Anna rushes to Elsa–

**ANNA**       Are you okay?

**ELSA**       I'm fine.

Anna is so **relieved**. She **hooks** arms with her. Kristoff and Sven move past a sculpture of a reindeer. Kristoff is in awe.

**KRISTOFF**   What are these?

Elsa and Anna **examine** a sculpture of a horse leaping out of water.

**ELSA**       They look like moments in time.

바로 이장면! *

**ANNA**       What's that thing you say, Olaf?

Olaf is **cooling** his **twig** hands over an ice sculpture of a camp fire.

**OLAF**       Oh! My **theory** about **advancing** technologies as both our **savior** and our **doom**?

매티어스  아그나르 왕자님!

루나드 왕  아렌델을 위하여.

소리들과 형상들이 혼란스럽게 섞이며 엘사에게 점점 더 다가온다. 엘사가 두 눈을 감고 그녀의 마법의 힘을 모두 모아서 소용돌이를 밀쳐낸다. 다시 소용돌이 밖: 눈이 대기를 가득 채운다! 완전히 새하얗다!

외부, 얼음 조각 정원
대기가 맑아진다. 눈이 아름다운 얼음 조각들로 굳어졌다 – 군인들, 동물들, 그리고 다양한 것들로. 엘사가 조각 정원의 중앙에 선다. 다른 이들도 정신이 멍한 상태로 일어선다. 안나가 엘사에게 달려간다 –

안나  언니 괜찮아?

엘사  난 괜찮아.

안나가 안도한다. 그녀가 엘사의 팔을 잡는다. 크리스토프와 스벤이 순록의 모양을 한 조각상 옆으로 지나간다. 크리스토프가 경탄한다.

크리스토프  이것들은 뭐지?

엘사와 안나가 물에서 뛰쳐나오는 말 조각상을 유심히 본다.

엘사  한 시절의 순간들처럼 보여.

안나  네가 말했던 그거 뭐였더라, 올라프?

올라프가 모닥불 모양의 얼음 조각상에 그의 나뭇가지 손을 식히고 있다.

올라프  옛 기술의 발전이 우리를 구원할 수도 있지만 동시에 우리를 파멸로 이끌 수도 있다고 한 내 학설 말하는 거니?

| | |
|---|---|
| figure (흐릿하게 보이는) 사람/모습 | hook 갈고리로 걸다, (팔, 손가락을) ~에 걸다 |
| chaotic 혼돈/혼란 상태인 | examine 조사/검토하다 |
| close in on (공격) ~에게 접근하다 | cool 식히다, 차게 하다 |
| flash out 번뜩 비치다/번쩍이다 | twig 잔가지 |
| solidify 굳어지다 | theory 이론, 학설 |
| get to one's feet 일어서다, 기립하다 | advance (지식, 기술 등이) 증진/발전되다 |
| stunned 망연자실한, 정신이 멍한 | savior 구조자, 구원자 |
| relieved 안도하는 | doom 죽음, 파멸, 비운 |

| | | | |
|---|---|---|---|
| **ANNA** | No, not the— Not that one. The one about– | **안나** | 아니, 아닌데— 그거 말고, 그거 말이야– |
| **OLAF** | (O.S.) The one about **cucumbers**? | **올라프** | (화면 밖) 오이에 관한 그거? |
| **ANNA** | No, the thing about water. | **안나** | 아니, 물에 관한 거 말이야. |

Olaf passes Sven, who now drinks from a puddle.

올라프가 물웅덩이에서 물을 마시고 있는 스벤 옆을 지나간다.

| | | | |
|---|---|---|---|
| **OLAF** | Oh, yeah. Water has memory. | **올라프** | 아, 그거, 물에도 기억력이 있다는 거. |

Olaf takes off one of his arms and uses it as a **pointer**. He then uses Sven's body as a **diagram**, following his **digestive track** while explaining—

올라프가 그의 팔 하나를 떼어내서 지시봉으로 사용한다. 그러고는 스벤의 몸을 도표로 사용하는데 그의 몸속의 소화기관을 따라가며 설명한다—

| | | | |
|---|---|---|---|
| **OLAF** | The water that **makes up** you and me has **passed through** at least four humans and/or animals before us. | **올라프** | 너와 나를 형성해 주는 물이 우리 전에 최소한 네 명의 인간들 그리고/또는 동물들을 거쳐 갔다는 거야. |

Sven's tail flips up as Olaf reaches his **rump**. Sven then **spits** out the puddle water, **grossed out**.

올라프가 스벤의 엉덩이 쪽에 다다르자 스벤의 꼬리가 확 올라간다. 스벤이 역겨워하며 물을 내뱉는다.

| | | | |
|---|---|---|---|
| **OLAF** | And remembers everything. | **올라프** | 그리고 모든 것을 기억하지. |

---

Just then the wind spirit returns, gently lifting Sven and Olaf into the air, as if **inspecting** them, Olaf giggles.

바로 그때 바람의 정령이 돌아와, 마치 그들을 검사라도 하듯 부드럽게 스벤과 올라프를 공중으로 들어 올린다. 올라프가 키득거린다.

| | | | |
|---|---|---|---|
| **OLAF** | The wind's back. | **올라프** | 바람이 돌아왔어. |

It blows the snow that makes up Olaf's bottom, up like **Marilyn Monroe's skirt**.

바람이 불어 올라프의 엉덩이를 형성하는 눈을 마릴린 먼로의 치마처럼 올라가게 한다.

| | | | |
|---|---|---|---|
| **OLAF** | Ooh **delicious**.... I think I'll **name** you... Gale. | **올라프** | 오호 기분 좋은데.… 내가 네 이름을 지어줄게… 게일. |

Gale sweeps past Olaf. Swirls around Kristoff and in and out of his **tunic**.

게일이 올라프 옆으로 쓸고 지나간다. 크리스토프 주변에서 회오리치며 그의 튜닉의 안으로 들어갔다 나갔다 한다.

---

| | |
|---|---|
| cucumber 오이 | gross somebody out ~을 역겹게 하다 |
| pointer 지시봉 | inspect 점검/검사하다, 순시하다 |
| diagram 도표 | Marilyn Monroe's skirt 마릴린 먼로의 유명 사진 비유 |
| digestive track 소화기관 | delicious 〈문예체〉 아주 기분 좋은, 맛있는 |
| make something up ~을 이루다/형성하다 | name 이름을 지어주다, 명명하다 |
| pass through 거쳐/지나가다 | tunic 튜닉 (헐렁한 긴 옷) |
| rump 엉덩이 | |
| spit (침을) 뱉다 | |

**KRISTOFF** Ooh, ah. Whoa, get out of there.

Anna **braces herself** as Gale **messes with** her hair and clothes.

**ANNA** Oh, aren't you curious…

Gale flips Elsa's **braid**. Makes it a **mustache**.

**ELSA** You **in a better mood** now?

Gale sweeps past her to a sculpture they had not yet seen. Anna and Elsa approach ahead of the others. It's of a young PRINCE AGNARR **suspended** in the air. He's **unconscious** and in the arms of A NORTHULDRA GIRL.

**ANNA** Father? That's father.

Elsa leans in closer, nods agreeing.

**ELSA** This girl.

**OLAF** (O.S.) She's saving him.

**KRISTOFF** She's Northuldra.

Suddenly, they hear a WHIRLING SOUND coming from the trees.

**ANNA** What is that?

**ELSA** Olaf, **get behind** me.

As they back away from the sound, Anna pulls an ice sword out of the hands of the ice sculpture soldier.

**KRISTOFF** What are you going to do with that?

**ANNA** I have no idea.

크리스토프 오, 아. 워. 거기서 좀 나가줄래.

게일이 안나의 머리와 옷을 가지고 장난을 치자 안나가 몸에 힘을 주고 버틴다.

안나 오, 너 참 궁금한 게 많은…

게일이 엘사의 땋은 머리를 젖힌다. 콧수염으로 만든다.

엘사 이제 기분이 좀 나아졌니?

게일이 그녀 옆을 지나 그들이 아직 보지 못했던 조각상 쪽으로 간다. 안나와 엘사가 다른 사람들보다 먼저 다가간다. 공중에 매달려 있는 어린 아그나르 왕의 모습이다. 그가 의식을 잃고 노덜드라 소녀의 팔에 안겨있다.

안나 아버지? 이건 아버지야.

엘사가 동의의 표시로 고개를 끄덕이며 더 가까이 다가간다.

엘사 이 소녀는.

올라프 (화면 밖) 그녀가 그를 구하고 있어.

크리스토프 그녀는 노덜드라 인이야.

갑자기 그들이 나무에서 나오는 회오리바람 소리를 듣는다.

안나 저게 뭐지?

엘사 올라프, 내 뒤에 서.

그들이 그 소리와 멀어지려고 뒷걸음질 칠 때 안나가 군인 형상 얼음 조각상의 손에서 얼음 검을 꺼내 든다.

크리스토프 그걸로 뭘 하려고?

안나 나도 몰라.

---

brace oneself (마음/결의 등을) 다지다, 정신을 다잡다
mess with ~을 만지작거리며 시간을 보내다
braid (실을 꼬아서 만든) 장식용 수술
mustache 코밑수염, 콧수염
in a good(better) mood 기분이 좋은
suspend 매달다, 걸다
unconscious 의식을 잃은, 의식이 없는
get behind ~의 뒤에 숨다

The whirling **intensifies**. The bushes move all around them. Anna uses the sword to cut through the bushes, revealing— NORTHULDRA PEOPLE and REINDEER. More Northuldra drop from the trees, including a young woman, HONEYMAREN, (22), who raises her staff.

**HONEYMAREN**  Lower your weapon.

Then they hear SWORDS SLAM AGAINST **SHIELDS**. They turn to see five ARENDELLIAN SOLDERS, including LIEUTENANT MATTIAS, who guarded Young Agnarr in the forest **long ago**.

**MATTIAS**  (to the Northuldra) And YOU **lower** yours.

**ANNA**  Arendellian soldiers?

**YELANA**  (O.S.) **Threatening** my people, Lieutenant?

REVEAL: Yelana, Northuldra, soldiers at Mattias' side

**MATTIAS**  **Invading** my dance space, Yelana?

Anna **notices** something about Mattias, **squints**.

**ANNA**  Why does that soldier look so familiar?

Anna steps forward, ice sword still raised—

**ARENDELLIAN SOLDIER**  (warning about the sword) Lieutenant!

As Mattias and Yelana block each other—

**MATTIAS**  Get the sword!

회오리바람 소리가 점점 더 강해진다. 주변의 수풀이 마구 움직인다. 안나가 검을 사용해서 수풀을 잘라내는데, 드러난다— 노덜드라 사람들과 순록. 지팡이를 들고 있는 히니마렌(22세)이라는 젊은 여자를 포함한 더 많은 노덜드라 사람들이 나무에서 내려온다.

히니마린  무기를 내려놔.

그리고 그들은 방패에 부딪치는 칼 소리를 듣는다. 그들이 돌아보니 예전에 숲에서 어린 아그나르를 호위하던 매티어스 중위를 포함한 5명의 아렌델 군인들이 보인다.

매티어스  (노덜드라 인들에게) 너희들도 무기를 내려놔라.

안나  아렌델의 군인들?

엘레나  (화면 밖) 우리를 협박하는 건가, 중위?

나타난다: 노덜드라 사람인 옐레나. 매티어스의 옆에 군인들의 모습

매티어스  내가 노는 곳을 침범하는 건가, 옐레나?

안나가 매티어스에게서 뭔가를 알아챈다. 눈을 찡그린다.

안나  저 군인 왜 어디서 많이 본 사람 같지?

안나가 한 발 앞으로 나선다. 여전히 얼음 검을 들고—

아렌델 군인  (검에 대해 경고하며) 중위님!

매티어스와 옐레나가 서로 막아서는데—

매티어스  검을 가져와!

---

intensify 심해지다, 강해지다

shield 방패

long ago 먼 옛날

lower 낮추다, 내리다

threaten 협박하다, 위협하다

invade 침입/침략하다, 쳐들어가다

notice ~을 의식하다/알아채다

squint 눈을 찡그리고 보다

# May the Truth Be Found!

꼭 진실을 찾기를 바라며!

🎧 16.mp3

Northuldra and Arendellians **charge** our gang. Elsa blasts out her powers, creating a **slick**, **glassy** ice sheet that causes everyone to slip and slide away, landing on their butts. Mattias and Yelana spin slowly around each other.

노덜드라 인들과 아렌델 인물이 우리의 무리를 공격한다. 엘사가 마법을 부려 번드르르하고 유리 같은 얼음 장판을 만들어 모두가 미끄러져 넘어지며 엉덩방아를 찧게 만든다. 매티어스와 엘레나가 서로의 주변에서 천천히 돌아간다.

**MATTIAS**   That was magic. Did you see that?

매티어스   저건 마법이었소. 봤어요?

**YELANA**   Of course I saw it.

옐레나   당연히 봤지요.

Anna whispers to Elsa.

안나가 엘사에게 속삭인다.

**ANNA**   You chose a **nice**, **cold greeting**.

안나   언니가 무척 차가운 인사를 골랐네.

**KRISTOFF**   They've been **trapped** in here this whole time?

크리스토프   저 사람들 지금까지 내내 여기 갇혀 있었던 거야?

**ELSA**   What do we do now?

엘사   이제 우린 어떻게 해야 하지?

**OLAF**   (O.S.) **I got this.**❶

올라프   (화면 밖) 이건 나한테 맡겨.

Olaf steps out from behind Elsa and Anna.

올라프가 엘사와 안나 뒤에서 걸어 나온다.

**OLAF**   Hi, I'm Olaf.

올라프   안녕. 나는 올라프라고 해.

People are in shock. Olaf looks down at his body. Thinks he knows why they're shocked.

사람들이 놀란다. 올라프가 그의 몸을 내려다본다. 그들이 왜 놀라는지 자신이 안다고 생각한다.

**OLAF**   Oh, sorry, yeah, I just find clothes **restricting**.... Bet you're **wondering** who we are, and why we're here. It's really quite simple.

올라프   오, 미안해요, 그래요. 난 옷 입는 게 너무 거추장스러워서.… 여러분은 우리가 누군지 그리고 여기에 왜 왔는지 궁금할 거예요. 그건 아주 단순하죠.

OLAF TURNS INTO AN ACTOR ON A STAGE:

올라프가 무대 위의 배우로 변신한다.

---

charge 돌격/공격하다

slick 번지르르한, 번들거리는

glassy 유리 같은

nice cold greeting 매우 냉정한/차가운 인사

trap (위험한 장소, 궁지에) 가두다

restrict 제한하다, (움직임을) 방해하다

wonder 궁금하다, 궁금해하다

❶ **I got this.**
이건 내가 맡을게.
이 일은 내가 맡아서 잘 처리할 테니 걱정하지 말라고 하는 말이에요. 비슷한 표현으로 I got this covered. I got this handled. I got this in hand. I got this under control. 등이 있답니다.

**OLAF**   It began with two sisters- One born with magical powers. One born **powerless**.

Anna looks offended— powerless?

**OLAF**   (O.S.) Their love of snowmen, **infinite**.

In a series of **jump cuts**, Olaf acts out moments of their past.

**OLAF**   Anna, no! Too high! BLAST! (Olaf **collapses**, as Anna) NO! Mama, Papa, HELP!

JUMP CUT

**OLAF**   SLAM! Doors shutting everywhere. Sisters **torn apart**!

Mattias looks on, curious.

**OLAF**   Well **at least** they have their parents.

JUMP CUT

**OLAF**   Their parents are dead.

JUMP CUT: Olaf pretends he's Anna, Sven **plays** Prince Hans.

**OLAF**   Hi, I'm Anna. I'll marry a man I just met.

JUMP CUT: As scared Arendellians—

**OLAF**   Elsa's gonna blow! Snow! Snow! AGGH! Run!

JUMP CUT: An **empty** frame. We hear bad **choral** singing. Then Olaf sits up.

---

올라프  이 이야기는 두 자매로부터 시작되죠 – 한 명은 마법의 힘을 가지고 태어났고 다른 한 명은 힘없이 태어났죠.

안나가 기분 나빠하는 표정이다 – 힘이 없다고?

올라프  (화면 밖) 그들의 눈사람을 사랑하는 마음은, 무한대죠.

장면의 급선환으로, 올라프가 그들이 겪었던 과거의 순간들을 연기로 보여준다.

올라프  안나, 안 돼! 너무 높아! 펑! (올라프가 쓰러진다, 안나처럼) 안 돼! 엄마, 아빠, 도와줘요!

장면 급전환

올라프  쾅! 여기저기서 문들이 쾅쾅 닫히고, 두 자매는 완전히 갈라서게 되었죠!

매티어스가 궁금해하며 구경한다.

올라프  뭐 그래도 그들에게는 부모님이 있으니까.

장면 급전환

올라프  그들의 부모님이 돌아가셨어요.

장면 급전환: 올라프가 안나 역할을 하고 스벤이 한스 왕자 역할을 한다.

올라프  안녕, 난 안나야. 난 지금 방금 만난 남자와 결혼할 거야.

장면 급전환: 겁먹은 아렌델 인들처럼—

올라프  엘사가 폭발할 거야! 눈이다! 눈이야! 으아! 뛰어!

장면 급전환: 빈 화면. 실력이 형편없는 합창단의 노랫소리가 들린다. 올라프가 일어나 앉는다.

---

powerless 힘없는, 무력한

infinite 무한한, 한계가 없는

jump cut 〈영화 용어〉 장면의 급전환

collapse 무너지다. (의식을 잃고) 쓰러지다

tear apart 분열시키다. 찢어지다 (tear-torn)

at least 적어도, 최소한

play (다른 사람인 것처럼 하는) 놀이를 하다

empty 비어 있는, 빈

choral 합창의

| | | | |
|---|---|---|---|
| **OLAF** | Magic **pulses through** my snowflakes (HUGE GASP OF FIRST BREATH) I live! | 올라프 | 마법은 나의 눈송이들 사이로 고동쳐 흐르지 (첫 호흡을 엄청 세게 하며) 난 살았다! |

JUMP CUT: As Elsa—

장면 급전환, 엘사처럼—

| | | | |
|---|---|---|---|
| **OLAF** | (gesturing Let it Go) Ice palace for one! Ice palace for one! Get out, Anna! Pew Pew! | 올라프 | (렛잇고 노래 부르는 몸짓으로) 한 사람을 위한 얼음 궁전! 한 사람을 위한 얼음 궁전! 나가, 안나! 피웅 피웅! |

He throws his coals like they're magic, slides along the ice and lets the **coals** hit him in the heart, pretending he's Anna.

올라프가 석탄을 마법을 쓰듯이 던진다. 얼음에 미끄러지며 석탄이 자신의 심장에 닿게 한다. 자신이 안나인 것처럼 연기하면서.

| | | | |
|---|---|---|---|
| **OLAF** | My heart! | 올라프 | 내 심장! |
| **MATTIAS** | **Oh my goodness.** | 매티어스 | 오 이런. |

JUMP CUT

장면 급전환

| | | | |
|---|---|---|---|
| **OLAF** | (as Pabbie) ONLY AN ACT OF TRUE LOVE CAN SAVE YOU. | 올라프 | (패비처럼) 진실한 사랑의 행위만이 너를 구할 수 있다. |

JUMP CUT: Olaf pretends he's Hans. This time Sven plays Anna.

장면 급전환: 올라프가 한스처럼 연기를 한다. 이번에는 스벤이 안나 역할을 한다.

| | | | |
|---|---|---|---|
| **OLAF** | Here's a true love's kiss. (shoving Sven away) You're not **worth** it. **Guess what?** I'm the **bad guy!** | 올라프 | 자 여기 진실한 사랑의 키스가 있소. (스벤을 밀치며) 넌 그럴만한 가치가 없어. 그거 아니? 난 악당이야! |
| **MATTIAS** | WHAT? | 매티어스 | 뭐라고? |

JUMP CUT: As Anna—

장면 급전환: 안나처럼—

| | | | |
|---|---|---|---|
| **OLAF** | Then Anna **freezes to death**, forever. | 올라프 | 그러고는 안나가 얼어 죽는다. 영원히. |
| **MATTIAS** | (weeping) Oh, Anna. | 매티어스 | (훌쩍이며) 오, 안나. |
| **OLAF** | (no longer weeping) Then she **unfreezes!** | 올라프 | (더 이상 훌쩍이지 않고) 그리는 그녀가 다시 녹는다! |

He then gets a thought.

올라프에게 생각이 떠오른다.

---

pulse through (혈액, 생명이) 고동쳐 ~을 흐르다

coal 석탄

Oh my goodness. 어머나, 맙소사 (= Oh my God)

worth 그만한 가치가 있는

Guess what? 있잖아, 이봐, 맞혀봐

bad guy 〈비격식〉 악당, 악역

freeze to death 얼어 죽다

weep 울다, 눈물을 흘리다

unfreeze (얼린 것을) 녹이다, 해동시키다

**OLAF**   (**practically** one breath) Oh and then Elsa woke up the magical spirits, and we were forced out of our kingdom. Now our only hope is to find the truth about the past, but we **don't have a clue** how to do that. **Except** Elsa's hearing voices. So we got that going for us.

올라프 (거의 사실상 한숨에) 오 그리고 나서 엘사가 마법의 정령을 깨우고, 우리는 왕국에서 어쩔 수 없이 나오게 되었죠. 이제 우리의 유일한 희망은 과거에 대한 진실을 찾는 것인데, 우린 그걸 어떻게 해야 하는지 전혀 몰라요. 단지 엘사가 요즘 어떤 목소리를 듣는다는 것만 빼면, 아무튼 그렇게 상황은 현재진행형이에요.

Elsa **cringes**.

엘사가 민망해한다.

**OLAF**   Any questions?

올라프 질문 있나요?

The Northuldra and Arendellians look **dumb-founded**.

노덜드라 인들과 아렌델 인들이 멍한 표정을 짓고 있다.

**OLAF**   (to Anna and Elsa) I think they **got** it.

올라프 (안나와 엘사에게) 내 생각엔 저들이 이해한 것 같아.

Elsa **wipes** the ice floor **away**. People **scramble to their feet**. Lt. Mattias approaches. Anna **squints**, trying to **place** him.

엘사가 얼음 바닥을 없앤다. 사람들이 휘청거리며 일어선다. 매티어스 중령이 다가온다. 안나가 눈을 가늘게 뜨고 그가 누구인지를 알아맞히려 한다.

바로 이장면! *

**MATTIAS**   Are you really Queen of Arendelle?

매티어스 당신이 정말 아렌델의 여왕이신가요?

**ELSA**   I am.

엘사 그래요.

**YELANA**   Why would nature **reward** a person of Arendelle with magic?

옐레나 대체 왜 자연이 아렌델 인에게 마법으로 보상해 주는 거지?

**MATTIAS**   Perhaps to **make up for** the actions of your people.

매티어스 아마도 당신네 사람들의 행위에 대해 보전해 주려는 거겠지.

**YELANA**   My people are **innocent**. We would have never attacked first.

옐레나 우리 사람들은 무고해요. 우리는 절대로 먼저 공격하지 않았을 거요.

Still trying to place Mattias, Anna makes a frame with her fingers and **centers** Mattias in the frame.

여전히 매티어스가 누구인지 알아보려고 하면서 안나가 손가락으로 틀을 만들어서 그 틀의 중앙에 매티어스를 배치시킨다.

---

practically 사실상, 실제로, 거의

do not have a clue 전혀 모르다

except ~라는 점만 제외하면, ~라는 것 외에

cringe (겁이 나서) 움츠리다, 민망하다

dumb-founded 말문이 막힌, 어쩔 줄 몰라 하는

get 〈비격식〉 이해하다

wipe away 제거하다, 없애다, 씻다

scramble to one's feet 허둥지둥 일어나다

squint 눈을 가늘게 뜨고/찡그리고 보다

place (신원, 정체를) 누가/무엇인지를 알아보다

reward 보상/보답/사례하다

make up for 보상하다, 보전하다

innocent 아무 잘못이 없는, 무고한

center ~의 중심/중앙에 두다

| MATTIAS | **May** the truth be found. (noticing Anna) Hi, I'm sorry. What's happening? | 매티어스 | 진실을 꼭 찾게 되길 바랍니다. (안나를 주목하며) 안녕하세요. 실례지만. 무슨 일이죠? |
|---|---|---|---|

MATTIAS  **May** the truth be found. (noticing Anna) Hi, I'm sorry. What's happening?

매티어스  진실을 꼭 찾게 되길 바랍니다. (안나를 주목하며) 안녕하세요. 실례지만. 무슨 일이죠?

ANNA  **That's it!** Lt. Mattias. Library. Second portrait on the left. You were our father's official guard.

안나  바로 그거야! 매티어스 중위. 도서관. 왼쪽에서 두 번째 초상화. 당신은 우리 아버지의 공식 경호원이었어요.

MATTIAS  Agnarr. What did happen to your parents?

매티어스  아그나르. 당신의 부모님은 어떻게 되셨나요?

ANNA  Our parents' ship **went down** in the Southern Sea six years ago.

안나  우리 부모님의 타고 계셨던 배가 6년 전에 남쪽 바다에서 침몰했어요.

Mattias and the other soldiers **bow their heads**, sad. Then Mattias looks back up at the sisters.

매티어스와 다른 군인들이 슬퍼하며 고개를 숙인다. 그러고는 매티어스가 다시 고개를 들어 두 자매를 본다.

MATTIAS  I see him, I see him in your faces.

매티어스  그가 보여요. 당신들의 얼굴에서 그가 보이네요.

ANNA  Really?

안나  정말요?

MATTIAS  Soldiers.

매티어스  제군들.

The soldiers step in to **formation** around Anna and Elsa.

군인들이 안나와 엘사 주위로 발맞춰 대형을 갖춘다.

MATTIAS  We may be **getting on in years**, but we're still strong, and proud to serve Arendelle.

매티어스  우리가 비록 나이가 들었을 수는 있지만, 우리는 여전히 강합니다. 그리고 아렌델을 위해 복무한다는 것에 자부심을 느낍니다.

The Northuldra stand scared, more **on guard**, as if prepared to battle. Elsa steps between the Northuldra and Arendellians.

노덜드라 인들이 더욱 경계하며 두려움에 서 있다. 마치 전투할 듯이. 엘사가 노덜드라 인들과 아렌델 인들 사이로 끼어든다.

ELSA  Wait, please. (**addressing** everyone) Someone has called me here.

엘사  잠깐. 제발. (모두에게 전하며) 누군가 저를 여기로 불렀어요.

---

may 〈격식〉 (바람, 소망) ~이기를 빌다

That's it! 바로 그거야, 다 됐다

Lt. (육해공군의) 중위 또는 소위 (= lieutenant)

go down (배 등이) 침몰하다, 침수되다

bow one's head 고개를 숙이다, 머리 숙여 인사하다

formation (특정한) 대형/편대

get on in years 〈구어〉 나이 먹다, 늙다

on guard 조심/경계하여

address 〈격식〉 (누구에게 직접) 말을 걸다/하다

# Northuldra Scarf

노덜드라의 스카프

🎧 17.mp3

| | |
|---|---|
| **ELSA** | If I can just find them, I believe they have answers that may help us **free** this forest. Trust me, I just want to help. |
| **YELANA** | We only trust nature. When nature speaks— |

**BOOM**! Fire ball shoots up a tree behind Elsa. Yelana finishes her **statement** in shock, scared.

| | |
|---|---|
| **YELANA** | We listen. |

BOOM! The whole tree lights up in a pink and blue magical flame. Olaf backs away, half in awe, half afraid—

| | |
|---|---|
| **OLAF** | This will all make sense when I am older. |
| **RYDER** | FIRE SPIRIT! |
| **YELANA** | Get back, everyone! |
| **MATTIAS** | Head for the river! |

A trail of fire **leaps** through the trees then **rips** a trail along the ground, past Elsa. She **immediately blasts** the fire with her ice, trying to **put** it **out**. But the Fire Spirit is too quick and **erratic**. Fire is everywhere. A Northuldra man RYDER (20), **clocks** the reindeer racing the wrong way.

| | |
|---|---|
| **RYDER** | No, no, no! The reindeer! That's a **dead end**! |

Kristoff won't let anything happen to reindeer.

엘사 내가 그들을 찾을 수만 있다면, 난 그들이 분명 이 숲을 해방시켜 줄 수 있는 해답을 가지고 있다고 믿어요. 날 믿어주세요. 난 그저 돕고 싶을 뿐이에요.

옐레나 우리는 자연만을 믿어요. 자연이 말할 때—

펑! 불덩이가 엘사 뒤에 있는 나무 위로 솟아오른다. 옐레나가 두려워하며 충격 속에서 자신이 하던 말을 마친다.

옐레나 우리는 듣죠.

펑! 나무 전체가 분홍빛과 파란빛의 마법의 불꽃으로 빛이 난다. 올라프가 뒤로 물러선다. 놀라움 반, 두려움 반—

올라프 나도 나이가 들면 이런 것들 모두 다 이해가 될 거야.

라이더 불의 정령이다!

옐레나 뒤로 물러서, 모두들!

매티어스 강으로 향하라!

불의 자국이 나무들을 뛰어넘으며 옮겨 다니다가 땅에 있는 오솔길을 따라 엘사를 지나치며 거칠게 돌진한다. 그녀가 즉시 불을 끄려고 불을 향해 얼음을 발사한다. 하지만 불의 정령이 너무 빠르고 들쭉날쭉하다. 사방에서 불이 나고 있다. 노덜드라 청년 라이더(20세)가 잘못된 길로 뛰어가고 있는 순록들을 알아본다.

라이더 아니야, 안 돼, 안 돼! 순록아! 그쪽은 막다른 길이야!

크리스토프는 순록들에게 무슨 일이 일어나도록 내버려 둘 리가 없다.

---

free 풀어주다, 자유롭게 해 주다
boom 쾅/탕 하는 소리
statement 성명, 진술, 서술, 표현
leap 뛰어오르다, 넘다
rip 〈구어〉 빠른 속도로 거칠게 돌진하다, 멋대로 행동하다
trail 자국, 흔적, 자취
immediately 즉시, 즉각
blast (물, 공기 등을) 휙 뿌리다/끼치다

put out (불을) 끄다
erratic 불규칙한, 변덕스러운
clock 〈비격식〉 주시하다, 알아보다
dead end 막다른 길

**KRISTOFF** Come on, Sven. We'll get them!

Kristoff hops on Sven and races through the fire, after the reindeer. Anna, running towards the river, looks back, sees Elsa battling the flames.

**ANNA** (calling out) Elsa! Get out of there!

Elsa doesn't listen. Instead she chases the flames.

**ANNA** No, no, no, no...

Anna races through the fire, trying to reach her sister.

**ANNA** Elsa!

Anna's too close to the **inferno**. It starts to **overtake** her. Deeper IN THE FOREST: Kristoff reaches the reindeer. Sven calls out. The reindeer call back. Kristoff and Sven **lead them in the right direction**. A flaming tree falls in front of them.

**KRISTOFF** Come on, **buddy**. We can do this. Hiyaa!

They hop over the flames and lead the reindeer to safety. But then Kristoff sees something **horrifying**. Anna is on her knees **coughing**, surrounded by a tall wall of fire.

**KRISTOFF** Anna!

Elsa hears Kristoff's panicked call. She sees the flames **encircling** Anna. She spins, throws out her magic with all her might and creates an **opening** for Kristoff and Sven to reach Anna. Kristoff grabs Anna and they **gallop** away. Elsa calls out, **exhausted**, but determined.

**ELSA** Get her out of here!

**ANNA** No, Elsa.

크리스토프  어서, 스벤. 우리가 쟤들을 구하자!

크리스토프가 스벤에 올라타서 불 사이를 뚫고 순록들을 쫓아 질주한다. 강 쪽으로 뛰고 있는 안나가 뒤를 돌아보니 엘사가 불꽃들과 싸우고 있다.

안나  (외치며) 엘사! 거기서 빠져나와!

엘사가 귀담아듣지 않는다. 그 대신 그녀는 불꽃들을 뒤쫓는다.

안나  안 돼, 안 돼, 안 돼, 안 돼...

안나가 불 사이로 질주하며 언니에게 가려고 한다.

안나  엘사!

안나가 화마에 너무 가까이 왔다. 불이 그녀를 덮치려고 한다. 숲속 더 깊은 곳: 크리스토프가 순록들이 있는 곳에 이르렀다. 스벤이 외친다. 순록들이 같이 되받아 외친다. 크리스토프와 스벤이 그들을 바른 방향으로 이끈다. 불에 타는 나무가 그들 앞에 쓰러진다.

크리스토프  힘내, 친구. 우린 할 수 있어. 이럇!

그들이 불꽃들을 뛰어넘으며 순록들을 안전한 곳으로 이끈다. 그런데 크리스토프가 뭔가 끔찍한 것을 본다. 안나가 높은 불의 장벽에 둘러싸인 채 무릎을 꿇고 앉아 기침하고 있다.

크리스토프  안나!

엘사가 크리스토프의 놀란 외침을 듣는다. 그녀는 불길이 안나를 둘러싸는 것을 본다. 그녀가 빙 돌며 젖 먹던 힘까지 다해 마법을 써서 크리스토프와 스벤이 안나에게 가 닿을 수 있도록 지나갈 틈을 만든다. 크리스토프가 안나를 잡고 전력으로 달아난다. 엘사가 외친다. 지쳤지만 단호하게.

엘사  그녀를 여기서 데려가요!

안나  안 돼, 엘사.

---

inferno (걷잡을 수 없이 큰) 불/화재, 아수라장

overtake 추월하다, (불쾌한 일이) 불시에 닥치다/엄습하다

lead someone in the right direction 바른 방향으로 이끌다

buddy 〈비격식〉 친구

horrifying 몸서리쳐지는, 소름 끼치는

cough 기침하다, 쿨럭거리다

encircle 둘러싸다, 두르다

opening (사람 등이 지나가는) 구멍/틈

gallop 전속력으로 달리다, 질주하다

exhausted 기진맥진한, 녹초가 된, 탈진한

Kristoff rides her away. Elsa **takes off** toward the flames. The fire rages through the Northuldra camp. Elsa struggles to stop any damage to their **structures** with her magic. She gets more **aggressive** with the Fire Spirit. She corners it under a rock. She goes to blast it, but hesitates, seeing the fire scramble in a panic, and noticing something. TWO TINY, BIG **TERRIFIED** EYES. The Fire Spirit is actually a tiny **Salamander**. Meet BRUNI. It **WHIMPERS**, sending out a fire blast at Elsa. She ducks. The blast hits a tree. Elsa doesn't attack Bruni, instead she puts the fire out with her magic, then turns to Bruni. See, she doesn't want to hurt it. She just doesn't want it burning things. Curious, Bruni approaches her like a cautious puppy, she's deeply touched by the look in his eyes. Leans closer. Elsa holds out her hand. Bruni slowly, **hesitantly**, walks forward. It climbs into Elsa's hand and shows **relief** at the touch of her cold skin, Elsa **winces** (that's hot).

ELSA      Oh! Ow, ow.

But she doesn't drop Bruni. She accepts it. Bruni **curls up**, **sizzling**, the fire on its back goes out. It changes to cool colors and then purrs. All remaining fire in the forest goes out. Elsa **sprinkles** snowflakes in the air, Bruni eats them. Then Bruni **peeks** over Elsa's shoulder. Elsa hears **footsteps** behind them. Elsa peeks over her shoulder, sees Arendellians and Northuldra watching her and Bruni in shock.

ELSA      (whispering to Bruni) They're all looking at us, aren't they?

Bruni stares up at Elsa, cutely.

ELSA      Got any advice? Nothing?

Bruni **licks** its eye.

ELSA      Hm, should I know what that means?

And then the Voice calls out, but this time Elsa isn't the only one who hears it. Bruni **turns toward** the sound.

크리스토프가 그녀를 태우고 벗어난다. 엘사가 불길을 향해 출발한다. 불이 노덜드라 인들의 야영지 속을 맹위를 떨치며 지난다. 엘사가 그들의 거주지에 어떠한 피해도 없도록 막으려고 그녀의 마법으로 혼신의 힘을 다해 싸운다. 그녀가 불의 정령에게 더욱 공격적으로 나선다. 그녀가 그를 바위 밑으로 몰고 간다. 그녀가 마법을 발사하려다 불이 당황하여 허둥지둥하는 모습을 보고 주저하는데, 그때 뭔가를 본다. 두 개의 작은, 하지만 두려움에 떨고 있는 눈들. 불의 정령이 알고 보니 작은 도롱뇽이다. 브루니를 마주친다. 브루니가 깽깽대며 엘사를 향해 불을 발사한다. 그녀가 몸을 숙여 피한다. 불이 나무에 맞는다. 엘사가 브루니를 공격하지 않고 그 대신 마법을 이용해 불을 끈다. 그러고는 브루니에게로 돌아선다. 그녀는 얘를 다치게 하고 싶지 않다. 그녀는 그저 얘가 불로 여기저기 태우고 다니는 것을 원치 않을 뿐이다. 호기심이 많은 브루니가 그녀에게 조심스러운 강아지처럼 다가온다. 그녀는 그의 눈빛을 보고 깊게 감명받는다. 가까이 몸을 기울인다. 엘사가 자기 손을 내민다. 브루니가 천천히, 망설이듯, 앞으로 나온다. 브루니가 엘사의 손 위로 올라와 그녀의 찬 피부를 느끼며 안도한다. 엘사가 움찔한다 (그거 뜨겁네).

엘사    오! 으, 오우.

하지만 그녀는 브루니를 떨어뜨리지 않는다. 그녀가 받아들인다. 브루니가 몸을 웅크린다. 지글거리는 소리를 내며, 그의 뒤에 있던 불이 꺼진다. 브루니가 차가운 색으로 변하더니 가르랑거린다. 숲에 남아있던 모든 불길이 꺼진다. 엘사가 공중에 눈송이들을 뿌리니 브루니가 그것들을 먹는다. 그리고 브루니가 엘사의 어깨너머로 살짝 훔쳐보는데, 엘사가 그들 뒤에서 나는 발소리를 듣는다. 엘사가 자신의 어깨너머로 훔쳐보니 아렌델 인들과 노덜드라 인들이 그녀와 브루니를 충격에 빠진 표정으로 보고 있다.

엘사  (브루니에게 속삭이며) 저 사람들이 모두 우리를 쳐다보네, 안 그러니?

브루니가 엘사를 귀엽게 빤히 올려다본다.

엘사  무슨 조언이라도 해 줄 것 있니? 아무것도 없다고?

브루니가 자신의 눈을 핥는다.

엘사  흠, 그게 무슨 뜻인지 내가 알아야 하는 거니?

그러고는 목소리가 울린다. 하지만 이번에는 그것을 듣는 것이 엘사만이 아니다. 브루니가 그 소리가 나는 쪽으로 돌아선다.

---

take off 날아오르다, (서둘러) 떠나다

structure 구조, 구조물, 건축물

aggressive 공격적인, 대단히 적극적인

terrified 무서워/두려워하는, 겁이 난

salamander 도롱뇽

whimper 훌쩍이다, (동물이) 깽깽거리다

hesitantly 머뭇거리며

relief 안도, 안심

wince (통증, 당혹감으로) 움찔하다

curl up 동그랗게 말다, 몸을 웅크리다

sizzle 지글거리는 소리를 내다

sprinkle 뿌리다

peek (재빨리) 훔쳐보다

footstep 발소리, 발자국

lick 핥다, 핥아먹다

turn toward ~로 향하다

| | | |
|---|---|---|
| <u>ELSA</u> | You hear it, too? Somebody's calling us. Who is it? What do we do? | 엘사 너도 들리는구나? 누군가 우리를 부르고 있어. 누구지? 우린 어떻게 해야 하는 거지? |

Bruni hops out of Elsa's hand and runs up a rock. **Looks into the distance**, then at her.

브루니가 엘사의 손에서 뛰어내려 바위 위로 달려 올라간다. 먼 곳을 바라보다가 그녀를 본다.

| | | |
|---|---|---|
| <u>ELSA</u> | Okay, keep going north. | 엘사 좋아, 북쪽으로 계속 가라고. |

Bruni glows brighter **for a second**, then leaps off the rock and away. Before Elsa can follow it, she is swept into Anna's arms.

브루니가 잠깐 더 밝게 빛나다가 바위에서 뛰어내려오더니 멀리 가버린다. 엘사가 따라가려고 하는데 순식간에 그녀가 안나의 팔에 안겨있다.

| | | |
|---|---|---|
| <u>**ANNA**</u> | Elsa! Oh, thank goodness. | **안나** 엘사! 오, 정말 다행이야. |
| <u>ELSA</u> | (holding tight) Anna. | 엘사 (꽉 잡으며) 안나. |
| <u>**ANNA**</u> | Are you okay? | **안나** 언니 괜찮아? |

바로 이장면!*

| | | |
|---|---|---|
| <u>ELSA</u> | What were you doing?! You could have been killed. You can't just follow me into fire. | 엘사 너 뭐 하고 있었던 거니?! 그러다가 죽을 수도 있었잖아. 그렇게 막 나를 따라서 불길로 뛰어들면 안 돼. |
| <u>**ANNA**</u> | You don't want me to follow you into fire, then don't run into fire! You're not being careful, Elsa. | **안나** 내가 언니를 따라 불길로 들어가는 것을 원치 않으면 언니가 불길 속으로 뛰어들지 말란 말이야! 조심성이 너무 없어, 엘사. |
| <u>ELSA</u> | I'm sorry. Are you okay? | 엘사 미안해. 넌 괜찮니? |
| <u>**ANNA**</u> | **I've been better.**❶ | **안나** 별로 안 괜찮아. |
| <u>ELSA</u> | Hm, I know what you need. | 엘사 흠, 네게 필요한 것이 뭔지 알아. |

Elsa pulls their mother's scarf out of Anna's bag and wraps it around Anna's shoulders. As she does, the Northuldra gasp and whisper. Anna and Elsa look at them, **curiously**.

엘사가 안나의 가방에서 어머니의 스카프를 꺼내 안나의 어깨에 두른다. 그때 노덜드라 인들이 헉 놀라고 소곤거린다. 안나와 엘사가 왜 그런지 궁금해하며 그들을 본다.

| | | |
|---|---|---|
| <u>YELANA</u> | Where did you get that scarf? | 옐레나 그 스카프 어디서 난 거지? |

---

look into the distance 먼 곳을 바라보다

for a second 잠시

curiously 신기한 듯

❶ **I've been better.**
내 기분이 (상태가) 별로이다.
누가 Are you okay? '괜찮아?' 혹은 How are you? 라고 물을 때, 그에 대한 대답으로 I've been better. 라고 하면 '이것보다 더 좋은 때도 있었어'라는 뜻이에요. 더 이해하기 쉽게 의역하면 '지금은 별로 기분이 (상태가) 좋지 않아'라는 뜻이 되겠죠.

Honeymaren and Ryder **approach** Anna and Elsa.

**RYDER**   That's a Northuldra scarf.

**ANNA**   What?

**HONEYMAREN** This is from one of our oldest families.

Anna and Elsa look at each other, overwhelmed.

**ANNA**   …It was our mother's.

---

허니마린과 라이더가 안나와 엘사에게 다가온다.

**라이더** 그건 노덜드라의 스카프죠.

**안나** 뭐라고?

**허니마린** 이건 우리의 가장 오래된 선조로부터 내려온 거예요.

안나와 엘사가 서로를 감정에 북받쳐 쳐다본다.

**안나** …이건 우리 어머니 거예요.

---

Getting an idea, Elsa takes Anna's hand, pulls her through the **brush**. The others follow.
BACK WITH THE SCULPTURE OF THEIR FATHER AND THE YOUNG GIRL: The sisters **rush up** to the sculpture.

**ANNA**   Elsa…

Anna touches the scarf **made of** ice that the girl wears. Elsa **studies** the girl's face.

**ELSA**   I see it. That's Mother.

The girls look at one another.

**ANNA**   (emotional) Mother saved Father's life that day.

They look up and see they are surrounded by Northuldra and Arendellians.

**ELSA**   Our mother was Northuldra.

---

뭔가 떠오른 듯 엘사가 안나의 손을 잡고 덤불 속으로 그녀를 당긴다. 나머지 사람들이 뒤따른다. 다시 그녀의 아버지와 어린 소녀의 조각상 모습: 두 자매가 조각상 쪽으로 서둘러 간다.

**안나** 엘사…

안나가 그 소녀가 두르고 있는 얼음으로 만든 스카프를 만진다. 엘사가 소녀의 얼굴을 살핀다.

**엘사** 이제 보이네. 저건 어머니야.

두 자매가 서로를 바라본다.

**안나** (감정적으로) 어머니가 그날 아버지의 목숨을 구했던 거야.

그들이 위를 올려다보니 그들이 노덜드라 인들과 아렌델 인들에게 둘러싸여 있다.

**엘사** 우리 어머니는 노덜드라 인이었어.

---

approach 다가가다
brush 덤불, 잡목림
rush up 서둘러 가다, 부리나케 가다
made of ~로 만든
study 살피다, 검토/조사하다
emotional 감정적인, 감정을 자극하는

# A Fifth Spirit

다섯 번째 정령

🎧 18.mp3

Everyone is stunned at the news, except Olaf, who just smiles, moved and happy. All of a sudden, the wind picks up in the trees, creating a beautiful sound. The ice sculptures **twinkle** and **glisten** with a magical glow. Olaf does, too.

**OLAF**　　　　Ooooooh.

**Owls** and night animal sounds call out. Yelana is overwhelmed. Seeing this as a sign, the Northuldra bang their staffs on the ground **in rhythm** and begin to sing. We **recognize** the Vuelie from *Frozen One*, finally understand its **origins**.

VUELIE

NORTHULDRA M NA M HEIA NA
　　　　　　NA HI JA NA
　　　　　　NA HEIA HEIA NA JA

An **elder** Northuldra puts a hand on the shoulder of one of her fellow Northuldra, who reaches for the person in front of him. The others follow. The Arendellian soldiers stand on the **outer** edges, on guard. Olaf puts a hand on Mattias and the other on Sven's **antler**, making his own mini-**link**, singing a little wrong, but **sincere**.

NORTHULDRA NO A
　　　　　　HA NA HEI O NO A NA
　　　　　　HA HA JA

Yelana **has yet to join in**, but she **is overcome** by the **response** of the forest.

모두가 그 사실에 놀란다. 올라프만 빼고. 올라프는 그냥 웃고 감동하고 행복하다. 갑자기 바람이 나무들 속에서 강해지며 아름다운 소리를 만들어 낸다. 얼음 조각상들이 마법의 빛으로 반짝반짝 빛난다. 올라프도 빛난다.

올라프　오오오오

부엉이들과 야행성 동물들의 부르짖는 소리가 들린다. 옐레나가 감격한다. 이것을 하나의 신호로 보고 노덜드라 인들이 리듬에 맞춰 각자의 지팡이로 땅을 치며 노래를 시작한다. 〈겨울왕국 1〉에 나왔던 노래 '부엘리'이다. 이제서야 마침내 그 노래의 기원을 알게 되었다.

부엘리

노덜드라　음 나 음 헤이아 나
나 히 아 나
나 헤이아 헤이아 나 야

나이가 지긋한 노덜드라 인이 앞에 있는 사람에게 손을 뻗는 동료 노덜드라 인의 어깨에 손을 얹는다. 다른 이들이 따른다. 아렌델 인 군인들이 바깥쪽 가장자리에 경계하며 서 있다. 올라프가 매티어스에게 한 손을 얹고 그만의 작은 연결고리를 만들려고 다른 손은 스벤의 뿔에 얹었다. 노래는 조금 틀리게 부르지만, 그래도 진실되게 부른다.

노덜드라　노 아
하 나 헤이 오 노 아 나
하 하 아

옐레나는 아직 합류하지 않았지만, 그녀는 숲의 반응에 벅차한다.

---

| | |
|---|---|
| twinkle 반짝반짝 빛나다 | antler (사슴의) 가진 뿔 |
| glisten 반짝이다, 번들거리다 | link 관계/관련, 연결, 링크, 고리 |
| owl 올빼미, 부엉이 | sincere 진실된, 진정한, 진심의 |
| in rhythm 리듬에 맞춰 | have yet to (+ 동사) 아직 ~하지 않았다 |
| recognize (어떤 사람, 사물을) 알아보다/알다 | join in ~에 가담하다, 합류하다 |
| origin 기원, 근원, 출신 | be동사 + overcome ~에 압도당하다 |
| elder 나이가 더 많은, 노인의 | response 대답, 응답, 반응, 대응 |
| outer (안/중심에서 가장) 바깥쪽의 | |

| | | |
|---|---|---|
| **NORTHULDRA** | NO A NO NO A HEIA NO<br>NO A NO NO A HEIA NO<br>NO A NO NO A NO<br>NA NA NA HEIA NA<br>NA HI JA NA | 노덜드라 노 아 노 노 아 헤이야 노<br>노 아 노 노 아 헤이야 노<br>노 아 노 노 아 노<br>나 나 나 헤이야 나<br>하 히 야 나 |

Finally, Honeymaren and Ryder **pat** their hands on Yelana's shoulders. She turns to Anna and Elsa and takes one of Anna's hands and one of Elsa's hands.

마침내, 허니마린과 라이더가 그들의 손으로 옐레나의 어깨를 토닥거린다. 그녀가 안나와 엘사에게로 돌아서서 안나의 한 손과 엘사의 한 손을 잡는다.

| | |
|---|---|
| **YELANA** | We are called Northuldra. We are the people of the sun. |

옐레나 우리는 노덜드라예요. 태양의 민족이죠.

Anna and Elsa are **overcome with** emotion.

안나와 엘사가 감정에 북받쳐 있다.

| | |
|---|---|
| **ELSA** | (to Yelana) I promise you I will free this forest (to Mattias) and **restore** Arendelle. |

엘사 (옐레나에게) 내가 이 숲을 해방시켜주고 (매티어스에게) 아렌델을 다시 회복시킬 거예요.

| | |
|---|---|
| **ANNA** | (quietly) That's a pretty big promise, Elsa. |

안나 (조용히) 그건 엄청 큰 약속인데, 엘사.

Elsa looks at Anna, not sure what to say. Instead she looks all around them, sees the faces full of hope. Ryder **confesses** to Kristoff.

엘사가 안나를 보며 무슨 말을 해야 할지 몰라 한다. 그 대신 그녀는 그들 주변을 사방으로 돌아보며 희망에 가득 찬 표정들을 본다. 라이더가 크리스토프에게 고백한다.

| | |
|---|---|
| **RYDER** | **Free the forest.** Wow, I'm sorry, it's just some of us were born in here– We've never even seen a clear sky. |

라이더 숲을 해방시켜준다고. 우와, 미안하지만, 우리 중에 어떤 사람들은 이곳에서 태어났지만– 우린 단 한 번도 맑은 하늘을 본 적조차 없다고.

| | |
|---|---|
| **KRISTOFF** | I get it. |

크리스토프 이해해.

| | |
|---|---|
| **RYDER** | Name's Ryder. |

라이더 나는 라이더야.

Shaking his hand.

악수하며.

| | |
|---|---|
| **KRISTOFF** | Kristoff. |

크리스토프 크리스토프.

Nearby, Elsa confesses to Yelana, Honeymaren, Anna, and Mattias.

근처에서 엘사가 옐레나, 허니마린, 안나, 그리고 매티어스에게 고백한다.

| | |
|---|---|
| **ELSA** | I heard the Voice again. We need to go North. |

엘사 난 다시 그 목소리를 들었어요. 우린 북쪽으로 가야 해요.

---

pat (애정을 담아) 쓰다듬다/토닥거리다

overcome with ~로 가득차다

restore (이전의 상황으로) 회복시키다. (건강, 지위 등을) 되찾게 하다

confess (죄, 잘못을) 자백하다, (수치를) 고백/인정하다

❶ **Free the forest.**
숲을 해방시켜준다.
free는 다양한 뜻이 있죠. '자유로운, 무료로' 뜻과 함께 이 표현은 동사로 '해방(석방)하다, (갇힌 데서) 풀어주다'라는 의미로 release와 비슷합니다.

| | | |
|---|---|---|
| **HONEYMAREN** | But the Earth Giants now **roam** the North at night. | 허니마린 하지만 북쪽에서는 밤에 바위 거인들이 돌아다녀요. |
| **YELANA** | You can leave in the morning. | 옐레나 아침에 떠나도록 해요. |

As Yelana leads Elsa away, Honeymaren and Anna shake hands.

옐레나가 엘사를 이끌어 데려가고, 허니마린과 안나가 악수를 한다.

| | | |
|---|---|---|
| **HONEYMAREN** | I'm Honeymaren. | 허니마린 난 허니마린이에요. |
| **ANNA** | Honeymaren, we'll do all we can. | 안나 허니마린, 우리는 최선을 다할 거예요. |

EXT. NORTHULDRA CAMP – NIGHT
Olaf sits surrounded by toddlers who pull at all of his parts.

외부. 노덜드라인들 야영지 – 밤
올라프가 그의 몸의 부분들을 잡아당기는 아기들에게 둘러싸여 있어있다.

| | | |
|---|---|---|
| **OLAF** | Hey, let me ask you: how do you guys **cope with** the **ever-increasing complexity** of thought that comes with maturity— | 올라프 얘들아, 뭣 좀 물어볼게: 너희들은 성숙함과 함께 따라오는 점점 계속 더 심해지는 생각의 복잡성에 대해 어떻게 대처하나— |

A kid sticks Olaf's carrot in her nose.

한 아이가 올라프의 당근을 그녀의 코에 꽂는다.

| | | |
|---|---|---|
| **OLAF** | Brilliant! | 올라프 멋지네! |

Another shoves Olaf's own arm through his head. He's not pleased at all.

다른 아이는 올라프의 팔을 그의 머리에 아무렇게나 꽂는다. 그가 전혀 좋아하지 않는다.

| | | |
|---|---|---|
| **OLAF** | It's so **refreshing** to talk to the youth of today. Our future is in bright hands. | 올라프 요즘 젊은이들과 이야기를 나누니 정말 신선하네. 우리의 미래가 참 밝아. |

But just as he says that, he notices kids **chewing on** the **balls** of his snowy feet.

하지만 그 말할 때, 아이들이 그의 눈으로 만든 발의 엄지발가락 밑 동그란 부분을 씹고 있는 것을 본다.

| | | |
|---|---|---|
| **OLAF** | Oh, no, no, no, no. Don't chew that. **You don't know what I've stepped in.**❶ | 올라프 오, 안 돼, 안 돼, 안 돼, 안 돼. 그것 씹지 마. 내가 뭘 밟았는지도 모르면서. |

Kristoff, Sven, and Ryder pass by. We follow them.

크리스토프, 스벤, 그리고 라이더가 옆으로 지나간다. 우리는 그들을 따라간다.

| | | |
|---|---|---|
| **KRISTOFF** | I can't seem to get her attention or even **say the right thing**. | 크리스토프 난 그녀의 이목을 집중시킬 수도 없고 제대로 된 말도 못하는 것 같아. |

---

roam (이리저리) 돌아다니다, 배회하다
cope with ~에 대처/대응하다
ever-increasing 계속 늘어나는/증가하는
complexity 복잡성, 복잡함
refreshing 신선한, 상쾌하게 하는
chew on ~을 입에 물다, 우물우물 씹다
ball 엄지발가락/손가락 아래 동그란 부분
say the right thing 적절한 말을 하다

❶ **You don't know what I've stepped in.** 내가 뭘 밟았는지 넌 모르니까.
이 문장은 '내가 이상한/더러운 것을 밟았을지도 모르니 조심해라'라는 의미예요. 경고하는 듯한 말투로 You don't know로 시작하는 표현들이 많은데요, You don't know what I'm capable of, '넌 내가 무엇을 할 수 있는지 모른다 (그러니 날 함부로 대하지 말아라)' 이렇게 쓰이기도 한답니다.

| | | | |
|---|---|---|---|
| **RYDER** | Well, you're **in luck**. I know nothing about women, but I do know that we have the most amazing way of proposing. If we start now, you'll **be ready by** dawn. | **라이더** | 네가 운이 좋네. 난 여자에 관해서는 아무 것도 모르지만, 우리에게 최고로 멋진 청혼 방법이 있다는 것은 알아. 지금 시작하면, 새벽쯤에는 준비가 될 거야. |
| **KRISTOFF** Really? | | **크리스토프** 정말? | |
| As he pulls Kristoff away... | | 그가 크리스토프를 데리고 가면서… | |
| **RYDER** | Best part? It **involves** a lot of reindeer. | **라이더** | 최고로 좋은 게 뭔지 알아? 순록이 많이 필요하다는 거야. |
| **KRISTOFF** Woah. | | **크리스토프** 우와. | |
| Ryder and Kristoff slip out of the encampment into the dark forest, **sneaking** past Anna who is standing with Mattias, while he **keeps watch**, on guard. | | 라이더와 크리스토프가 경계를 늦추지 않고 감시하고 있는 매티어스와 함께 서 있는 아영지를 옆을 몰래 지나며 아영지를 빠져나가 어두운 숲속으로 들어간다. | |
| **MATTIAS** | Hey, back at home, Halima still over at Hudson's Hearth? | **매티어스** | 저, 고향에, 헬리마는 아직도 허드슨의 헐스 쪽에 사나요? |
| **ANNA** | She is. | **안나** | 그래요. |
| **MATTIAS** | Really? She married? (off Anna's head shake, no) Oh wow. Why doesn't that make me feel better...? | **매티어스** | 정말이요? 결혼은 했나요? (안나가 안 했다며 고개를 젓는다) 오 와우. 근데 왜 기분이 그다지 좋지가 않은 걸까요…? |
| **ANNA** | What else do you miss? | **안나** | 다른 건 또 뭐가 그립죠? |
| **MATTIAS** | ...My Father. He passed long before all this. He was a great man. **Built us a good life** in Arendelle, but taught me to never **take** the good **for granted**. He'd say: be prepared; just when you think you've found your way, life will throw you onto a new path. | **매티어스** | …나의 아버지요. 그는 이 모든 일 훨씬 이전에 돌아가셨어요. 참 대단한 분이셨죠. 아렌델에서 우리가 잘 살 수 있게 해 주셨지만 그런 환경을 절대 당연히 여기면 안 된다고 가르쳐 주셨죠. 그는 이렇게 말하곤 했어요. 준비하고 있어라. 네 길을 찾았다고 생각하는 바로 그 순간 삶은 너를 또 다른 새로운 길로 내던진단다. |
| **ANNA** | What do you do when it does? | **안나** | 그렇게 되면 어떻게 하나요? |
| **MATTIAS** | Don't give up, **take it one step at a time**[❶], and... | **매티어스** | 포기하지 말고, 한 번에 한 걸음씩 가야 하죠. 그리고… |
| **ANNA** | Just do the next right thing? | **안나** | 그다음 옳은 것을 하면 된다? |

---

in luck 운 좋게, 운이 좋아서

be동사 + ready by (+ 시간) ~까지 준비되다

involve 수반/포함하다, 관련/연루시키다

sneak 살금살금/몰래 가다

keep watch 망을 보다, 감시하다

build someone a good life ~에게 훌륭한 인생을 이룩하게 하다

take something for granted ~을 당연시하다

❶ **Take it one step at a time**
한 번에 한 걸음씩 가라.
one step at a time '한 번에 한 걸음씩',
비슷한 표현으로 step by step이 있어요.
차근차근 서두르지 말고 진행하라는 말이죠.
step을 빼고 Take one at a time, '한 번에
하나씩만 가져가라' 이렇게도 써요.

| | | |
|---|---|---|
| **MATTIAS** | Yeah. You got it. | 매티어스  네, 잘 아시네요. |

Anna smiles, but then gets **lost in thought** while **gazing** toward— Elsa... who sits with Honeymaren by a fire. A baby reindeer **cuddles** in Elsa's lap.

안나가 미소 짓다가, 골똘히 생각에 잠겨 허니마린과 함께 모닥불 옆에 앉아있는 엘사를 바라본다. 새끼 순록이 엘사의 무릎에 안긴다.

*바로 이장면!** 

**HONEYMAREN**  I want to show you something. May I?

허니마린  내가 뭘 좀 보여줄게요. 그래도 될까요?

Honeymaren reaches for Elsa's mother's scarf. She shows Elsa the symbols on it.

허니마린이 엘사 어머니의 스카프로 손을 뻗는다. 그녀가 엘사에게 스카프에 있는 상징을 보여준다.

**HONEYMAREN**  (O.S.) You know air, fire, water and earth.

허니마린  (화면 밖) 여기 바람, 불, 물, 그리고 땅.

**ELSA**  (O.S.) Yes?

엘사  (화면 밖) 그리고요?

**HONEYMAREN**  But look. (motioning to a symbol in the center) There's a fifth spirit. **Said to be**❶ a bridge between us and the magic of nature.

허니마린  하지만 봐요. (중앙의 상징을 가리키며) 다섯 번째 정령이 있어요. 그것이 우리와 자연의 마법 사이를 연결해 주는 다리라고 해요.

**ELSA**  A fifth spirit?

엘사  다섯 번째 정령?

**HONEYMAREN**  Some say they heard it call out the day the forest fell.

허니마린  어떤 사람들은 이 숲이 무너진 날 그 목소리가 외치는 소리가 들렸다고 했어요.

**ELSA**  (**lighting up**) My father heard it. Do you think that's who's calling me?

엘사  (표정이 환해지며) 우리 아버지도 들으셨어요. 나를 부르는 게 그 목소리라고 생각하나요?

**HONEYMAREN**  (smiles) Maybe. **Alas**, only Ahtohallan knows.

허니마린  (미소 지으며) 어쩌면, 이아, 오직 아토할란만이 알겠죠.

**ELSA**  Ahtohallan—

엘사  아토할란—

---

lost in thought 사색에 잠기다
gaze (가만히) 응시하다/바라보다
cuddle 껴안다, 바싹 다가앉다
light up (표정이) 환해지다, 빛이 나다
alas 〈문예체〉 아아 (슬픔, 유감을 나타내는 소리)

❶ **Said to be ~**
~라는 말이 있다
be said to be는 '~라는 말이 있다'는 의미로 화자의 생각을 직접 말하는 것이 아닌 어디선가 들은 얘기를 전하는 뉘앙스로 '~하다는 평이 있다, ~로 알려져 있다'라고 해석할 수 있어요. He is said to be kind. '그는 친절하다고 알려져 있다'라고 쓰여요.

# Settling the Giants
거인들 진정시키기

🎧 19.mp3

| ELSA | (sing) DIVE DOWN DEEP INTO HER SOUND | 엘사 (노래) 그녀의 소리에 깊이 뛰어들어라 |

Honeymaren smiles, realizing Elsa knows the song.

허니마린이 엘사도 노래를 알고 있다는 걸 알고는 미소 짓는다.

**HONEYMAREN & ELSA** (sing) BUT NOT TOO FAR OR YOU'LL BE DROWNED.

허니마린과 엘사 (노래) 하지만 너무 멀리까지 가면 안 돼 안 그러면 물에 빠져 죽게 될 거야.

**HONEYMAREN** Why do lullabies always have to have some terrible warning in them?

허니마린 왜 자장가들은 늘 그렇게 무서운 경고를 담고 있는 걸까요?

**ELSA** I wonder that all the time.

엘사 나도 항상 그게 궁금했어요.

As they laugh, they are **interrupted** by a **distant** sound. The ground shakes around them. Boom! Boom! Boom!

그들이 웃다가, 멀리 들려오는 소리로 끊긴다. 그들 주변으로 땅이 흔들린다. 쿵! 쿵! 쿵!

**HONEYMAREN** Earth Giants.

허니마린 바위 거인들이에요.

Yelana looks around in panic.

옐레나가 당황하며 주위를 돌아본다.

**YELANA** (a sharp whisper) What are they doing down here?

옐레나 (날카로운 속삭임) 그들이 왜 이 밑으로 내려온 거지?

People **douse** fires. **Seek cover**. BOOM! BOOM! BOOM!

사람들이 물을 뿌려 불을 끈다. 숨을 곳을 찾는다. 쿵! 쿵! 쿵!

**HONEYMAREN** Hide.

허니마린 숨어요.

Elsa and Honeymaren hide. Anna runs behind a rock. Olaf hides behind a different rock, where he notices the Bruni standing nearby, staring at Olaf. Olaf **motions for** Bruni to calm, but his gesture just makes Bruni **ignite**.

엘사와 허니마린이 숨는다. 안나가 바위 뒤로 뛴다. 올라프는 다른 바위 뒤로 숨는데, 브루니가 그 근처에 서서 그를 바라보고 있는 것을 알아차린다. 올라프가 브루니에게 얌전히 있으라고 손짓하지만, 오히려 그로 인해 브루니가 발화하게 만든다.

---

interrupt (말, 행동을) 방해하다/중단시키다
distant 먼, 멀리 떨어져 있는, 동떨어진
douse (물을 뿌려 불을) 끄다, 붓다/적시다
seek cover 은신처를 찾다, (공격을) 피하다
motion for 동작(몸짓)을 해 보이다
ignite 불이 붙다, 점화되다, 불을 붙이다

**OLAF**     (gasps) Shhh.

올라프 (헉 한다) 쉬이.

He tries to blow Bruni's flames out. That only **enflames** it more.

그가 브루니의 불을 불어서 끄려고 한다. 그것은 오히려 불을 더욱 거세게 타오르게 할 뿐이다.

**OLAF**     They're coming.

올라프 그들이 오고 있어.

Olaf panics, picks Bruni up, but the fire makes Olaf toss Bruni **back and forth** between his hands.

올라프가 당황하며 브루니를 집어 든다. 하지만 불 때문에 올라프가 브루니를 그의 양손 왔다 던진다.

**OLAF**     Ooh. Ooh. Hot. Hot.

올라프 오. 오. 뜨거. 뜨거워.

He drops Bruni back on the rock, **pleads with** it. Suddenly, Bruni jumps on Olaf's head, loving the cool of him. Its fire goes out. Olaf winces, but can't help but be relieved; the fire's out.

그가 브루니를 다시 바위 위에 떨어뜨리며 그에게 간청한다. 갑자기 브루니가 올라프의 머리 위로 뛰어오르는데 그의 차가움을 너무 좋아한다. 브루니의 불이 꺼진다. 올라프가 움찔하고 놀라지만, 안도할 수밖에 없는 상황이다: 불이 꺼졌다.

**OLAF**     This is why we don't play with fire. Oh, **I can't stay mad at you.**[1] You're so cute!

올라프 이래서 불장난하면 안 되는 거야. 오, 너에게는 화를 낼 수가 없네. 너무 귀여워서!

THE GIANTS pass nearby. They're silhouettes dark and **formidable**. Elsa peeks out from behind a tree, curious. The giant stops. Turns towards her, sensing her. She ducks back behind the tree, holds her breath. The giant turns away, walks on. Elsa peeks out from behind the tree, again. She goes to follow the giants. Anna suddenly grabs Elsa's arm and pulls her back behind the tree. She looks at her, **questioningly**.

거인들이 근처를 지난다. 어둡고 가공할만한 형체다. 엘사가 궁금해하며 나무 뒤에서 살짝 훔쳐본다. 거인이 멈춰 선다. 그녀를 감지한 듯 그녀 쪽으로 몸을 돌린다. 엘사가 숨을 죽이고 다시 나무 뒤로 몸을 숨긴다. 거인이 뒤로 돌아서 가던 길을 간다. 엘사가 다시 나무 뒤에서 훔쳐본다. 그녀가 거인들을 따라나선다. 안나가 갑자기 엘사의 팔을 잡고 나무 뒤로 그녀를 잡아당긴다. 그녀가 왜 그러느냐는 듯한 표정으로 엘사를 본다.

**바로 이장면!***

**ANNA**     Please tell me you were not about to follow them.

안나 제발 그들을 따라가려고 했던 건 아니라고 말해 줘.

**ELSA**     **What if** I can **settle** them like I did to wind and fire?

엘사 만약에 내가 바람과 불에게 했듯이 저들을 진정시킬 수 있다면?

**ANNA**     Or what if they can crush you before you even get the chance? Remember, the goal is to find the Voice, find the truth, and get us home.

안나 만약에 언니에게 기회가 오기도 전에 그들이 언니를 뭉개버리면? 기억해, 우리의 목표는 목소리를 찾아서 진실을 알아내고 집으로 돌아가는 거라는 걸.

---

enflame (불에) 부채질하다, 악화시키다
back and forth 왔다 갔다, 앞뒤(좌우)로의
plead with 간곡히 부탁하다, ~에 항변하다
stay 계속 ~한 상태로 있다
formidable 가공할, 어마어마한
questioningly 질문조로, 미심쩍게
What if ~면 어쩌지? ~면 어떻게 될까?
settle 해결하다, 진정시키다, 가라앉히다

**❶ I can't stay mad at you.**
너에게는 화를 낼 수가 없네.
여기서 stay는 '~한 상태로 있다'로 '화가 난(mad) 상태로 있을(stay) 수 없다'는 의미가 되죠. 무척 화가 났는데 상대방의 애교나 진심어린 사과로 금방 화가 풀렸을 때 할 수 있는 표현입니다.

The giants far in the distance now, Olaf comes running up to the girls with Bruni on his head.

거인들이 이제 저 멀리에 있고, 올라프가 머리에 브루니를 올리고 그녀들에게 뛰어온다.

**OLAF**    Hey, guys. That was **close**.

올라프 얘들아, 히마터면 큰일 날 뻔했어.

Bruni jumps onto Elsa's hand. Anna looks at it confused. Elsa **casually** just **pets** Bruni as she talks.

브루니가 엘사의 손으로 점프한다. 안나가 혼란스러워하며 바라본다. 엘사가 말하면서 아무렇지도 않게 브루니를 쓰다듬는다.

**ELSA**    (to Olaf) I know. (to Anna) The giants sensed me. They may come back here. I don't want to **put anyone at risk** again. And you're right, Anna; we've got to find the Voice. We're going now.

엘사 (올라프에게) 그러게. (안나에게) 거인들이 나를 감지했어. 그들이 여기로 다시 올지도 몰라. 다시는 그 누구도 위험에 처하게 하고 싶지 않아. 그리고 네 말이 맞아, 안나: 우린 그 목소리를 찾아야만 해. 지금 당장 가자.

**ANNA**    Okay. We're going. Let me just—

안나 좋아. 가자고. 잠깐만 내가—

Anna looks back at the encampment.

안나가 야영지를 뒤돌아본다.

**ANNA**    Wait, where are Kristoff and Sven?

안나 잠깐, 크리스토프와 스벤은 어디에 있지?

**OLAF**    Oh yeah. I think they took off with that Ryder guy and a **bunch** of reindeer.

올라프 아 참. 그 라이더라는 얘하고 순록 여럿하고 어디론가 떠나는 것 같던데.

**ANNA**    They left? Just left without saying anything?

안나 그들이 떠났다고? 아무 말 없이 그냥 갔다고?

**OLAF**    Who knows the ways of men…

올라프 사내 녀석들이 대체 무슨 생각을 하는지 누가 알겠냐고…

Off Anna's **anguished** face—

안나의 번민하는 표정으로 마무리—

EXT. THE ROMANTIC PART OF THE FOREST – DAWN
Kristoff stands on a **heart-shaped** rock, surrounded by **wildflowers** and **a circle of** reindeer.

외부. 숲의 낭만적인 지역 – 새벽
크리스토프가 야생화와 원형으로 모여 있는 순록들에 둘러싸여 하트 모양의 바위 위에 서 있다.

**KRISTOFF** Am I supposed to feel this **ridiculous**?

크리스토프 원래 이렇게 우스꽝스러운 기분인 게 정상인 건가?

Ryder helps some reindeer get **in position**.

라이더가 몇몇 순록들이 제자리를 찾도록 돕는다.

---

close 거의/곧 ~할 것 같은
casually 아무 생각 없이, 무심코, 편하게
pet 어루만지다/쓰다듬다
put someone at risk ~를 위험에 처하게 하다
bunch 다발, 묶음, (양, 수가) 많음
anguished 번민의, 고뇌에 찬
heart-shaped 심장/하트 모양의
wildflower 들꽃, 야생화

a circle of 원을 그리며 서/모여 있는
be동사 + supposed to (규칙, 관습) ~해야 한다
ridiculous 웃기는, 말도 안 되는, 터무니없는
in position 바른 위치에 있는, 제자리를 얻은

**RYDER**     Oh, yeah. Definitely.

**KRISTOFF** Everyone ready?

Ryder **throws his voice**.

**RYDER**     (as various reindeers) Ready! Um, **I could use a rehearsal.**[●] I love love.

**KRISTOFF** Wait. You talk for them, too?

**RYDER**     I do.

**KRISTOFF** It's like you can actually hear what they're thinking.

**RYDER**     Yeah, and then you just say it.

**KRISTOFF** And then you just say it.

They hear someone approaching.

**RYDER**     Okay. Here she comes.

They **launch** into motion. Sven hits one **trigger**. Ryder another. Flowers fly, butterflies **soar**, an **elaborate proposal**. Kristoff clears his throat. Waves his arms like performing bad Shakespeare.

라이더  오, 그럼. 당연하지.

크리스토프  모두 준비됐나?

라이더가 복화술로 이용하여 말을 한다.

라이더  (여러 순록처럼) 준비됐어! 음, 리허설을 좀 하면 좋을 것 같은데. 난 사랑을 사랑해.

크리스토프  잠깐. 너도 그들을 대신해서 말을 하니?

라이더  그럼.

크리스토프  그들이 무슨 생각하는지 정말 들을 수 있는 그런 거지.

라이더  맞아. 그러고는 그냥 말하는 거지.

크리스토프  그러고는 그냥 말을 한다.

그들이 누군가 다가오는 소리를 듣는다.

라이더  자, 그녀가 온다.

그들이 움직이기 시작한다. 스벤이 첫 번째 스위치를 누른다. 라이더가 또 다른 스위치를 누른다. 꽃들이 날아가고 나비들이 날아오른다. 정교하게 계획된 프러포즈다. 크리스토프가 목청을 가다듬는다. 형편없는 셰익스피어 연극 공연하듯이 팔을 흔든다.

---

throw one's voice (복화술로 입이 아닌 다른 데서) 목소리를 내다
launch (일을) 시작/개시/착수하다
trigger (반응, 사건) 계기/도화선, 방아쇠
soar (하늘 높이) 솟구치다, 날아오르다
elaborate 정교한, 공/정성을 들인
proposal 청혼, 프러포즈

**❶ I could use a rehearsal.**
리허설을 할 필요가 좀 있겠네.
could use는 '~을 얻을 수 있으면 좋겠다', '~이 필요하다'는 의미로 쓰이는 구어체적 표현이에요. I could use some ideas. '아이디어가 좀 필요해', I could use some help here. '여기 나 좀 도와주면 좋겠는데' 이런 식으로 쓰인답니다.

# Long Gone
이미 떠난 지 오래

🎧 20.mp3

**바로 이장면!**

**KRISTOFF** Princess Anna of Arendelle, my **feisty**, **fearless**, **ginger** sweet love, will you marry me?

Kristoff stops as he sees it's not Anna, but Yelana.

**YELANA** Um… No…. (awkward) The Princess left with the Queen.

**KRISTOFF** What? Wait, what? What?!

**YELANA** (shrugging) I wouldn't try to follow. They're **long gone**.

**KRISTOFF** Long gone?

**YELANA** So, yeah… Um, we're heading west to the **lichen** meadows. You can come with us if you want.

Yelana turns away, not wanting to stay for one more embarrassing moment. The **humiliation** is so **palpable**, Kristoff and Ryder can't even **meet eyes**.

**RYDER** Hey, I'm really sorry that…

**KRISTOFF** No, I'm fine.

**RYDER** Yeah. Yup. Okay. **I better go pack.**❶ You coming with?

크리스토프 아렌델의 안나 공주, 나의 거침없고, 두려움 없고, 활기 달콤한 그대여, 저와 결혼해 주겠소?

다가온 사람이 안나가 아닌 옐레나인 것을 보고 크리스토프가 멈춘다.

옐레나 음… 아니… (어색해하며) 공주는 여왕과 함께 떠났네.

크리스토프 뭐라고요? 잠깐, 뭐요? 뭐라고요?!

옐레나 (어깨를 으쓱하며) 따라갈 생각은 안 하는 게 좋을 거야. 이미 오래전에 떠났으니.

크리스토프 오래전에 떠났다고요?

옐레나 그래. 그러니까… 음, 우린 이끼 초원이 있는 서쪽으로 갈 거야. 자네가 원한다면 우리와 같이 가도 좋고.

옐레나가 이 난감한 순간에 한시라도 더 있고 싶지 않은 듯 뒤돌아 떠난다. 부끄러움이 너무 확연하게 느껴져서 크리스토프와 라이더가 눈을 못 마주칠 지경이다.

라이더 이봐, 정말 미안하게 됐네…

크리스토프 아냐. 난 괜찮아.

라이더 그래. 어. 좋아. 난 가서 짐을 싸야겠다. 같이 갈래?

---

feisty 〈비격식〉혈기 왕성한, 거침없는
fearless 두려움을 모르는, 용감한
ginger 생강, 연한 적갈색의, 활기찬
long gone 오래전에 떠난/없어진
lichen 이끼, 지의류
humiliation 굴욕, 수치심
palpable 감지할 수 있는, 뚜렷한
meet eyes 눈길이 마주치다, 눈을 마주 보다

❶ **I better go pack.**
가서 짐을 꾸려야겠군.
had better '(꼭 그래야 함) ~하는 것이 좋을 것이다'는 뜻으로 쓰이는 숙어인데, 구어체에서는 보통 had가 축약형이 되어서 I'd better, you'd better, he/she'd better 이런 식으로 had를 생략하고 쓰는 경우가 많답니다.

**KRISTOFF** I'll just uh— Yeah I'll meet you there.

크리스토프 난 그냥 어— 그래 거기에서 만나자.

**RYDER** Okay. You know where you're going? Right?

라이더 좋아. 어디로 가는 건지 알지? 그렇지?

**KRISTOFF** Yeah. Yeah. I know the woods.

크리스토프 그럼. 그럼. 난 숲을 잘 알아.

Ryder heads back towards camp. Kristoff sits down, **hangs his head**. Sven joins him **for comfort**.

라이더가 다시 야영지로 향한다. 크리스토프가 앉아 고개를 떨군다. 스벤이 위로하려고 그의 옆으로 온다.

REINDEERS ARE BETTER THAN PEOPLE (REPRISE)

순록이 사람보다 낫네 (반복 구절)

**KRISTOFF** REINDEERS ARE BETTER THAN PEOPLE
SVEN, WHY IS LOVE SO HARD?

크리스토프 순록이 사람보다 낫네.
스벤, 사랑은 왜 이리 어렵지?

As we spin around Kristoff, the world turns purple. We go into—
**FANTASY**: In that fantasy, Sven opens his mouth and sings—

크리스토프를 둘러싸고 빙글빙글 돌며, 세상이 보랏빛으로 변한다. 다음처럼 시작하며—
환상: 그 환상 속에서, 스벤이 그의 입을 열어 노래한다—

**SVEN** YOU FEEL WHAT YOU FEEL
AND THOSE FEELINGS ARE REAL
COME ON, KRISTOFF, **LET DOWN YOUR GUARD**.

스벤 느껴지는 걸 느끼는 거지
그리고 그 감정은 진심이야
어서, 크리스토프, 경계를 풀어보라고.

Kristoff takes a heavy breath and decides to **let** his **inner feelings out**. He gets up and heads for a tree. He slams his back against the tree and sings, a big love **ballad**, moving through the forest, like a **tortured** love in a **cheesy** 80s music video.

크리스토프가 무거운 숨을 들이쉬며 자기 속마음을 털어놓기로 한다. 그가 일어나서 나무 쪽으로 간다. 그가 자기 등으로 나무를 세게 치며 나무에 기대어 노래한다. 대단한 사랑 발라드. 숲을 이리저리 거닐며, 80년대에 유행하던 느끼한 뮤직비디오에 나오는 쓰라린 고통에 시달리는 그런 류의 사랑 노래.

LOST IN THE WOODS

숲에서 길을 잃다

**KRISTOFF** AGAIN, YOU'RE GONE
OFF ON A DIFFERENT PATH THAN MINE
I'M **LEFT BEHIND** – WONDERING IF I SHOULD FOLLOW
YOU HAD TO GO
AND, OF COURSE, IT'S ALWAYS FINE

크리스토프 또다시 너는 떠났네
나와는 다른 길로 떠났지
나만 홀로 남겨 두고 - 따라갈지 고민하네
너는 떠나야만 했고
그리고, 당연히, 늘 그래도 괜찮아

---

hang one's head 〈부끄러워〉 고개를 숙이다/떨구다

for comfort 안락을 위해서, 위로해 주려고

fantasy 〈기분 좋은〉 공상/상상, 환상의 세계, 판타지

let down one's guard 경계를 늦추다

let something out 〈울음/신음 등을〉 내다

inner feelings 내면의 〈부정적인〉 감정

ballad 발라드 〈사랑을 노래한 느린 템포의 가요〉

tortured 고문을 받는, 극심한 고통에 시달리는

cheesy 〈비격식〉 싸구려의, 유치한, 느끼한

be동사 + left behind 뒤처지다, 뒤에 남겨지다

I PROB'LY COULD **CATCH UP WITH** YOU
TOMORROW
BUT IS THIS WHAT IT FEELS LIKE TO BE
**GROWING APART**?
WHEN DID I BECOME THE ONE
WHO'S ALWAYS **CHASING** YOUR HEART?
NOW I TURN AROUND AND FIND
I AM LOST IN THE WOODS

아마도 내일은 너를 따라잡을 수 있을 테지
하지만 서로에게서 멀어진다는 게 이런 느낌인 걸까?
언제부터 내가 이런 사람이 되었지
항상 사랑을 구걸하는 그런 사람이?
이제 나 돌아서서 보니 알게 되었네
숲에서 길을 잃었다는 걸

NORTH IS SOUTH
RIGHT IS LEFT
WHEN YOU'RE GONE
I'M THE ONE WHO SEES YOU HOME
BUT NOW I'M LOST IN THE WOODS
AND I DON'T KNOW WHAT PATH YOU ARE ON
I'M LOST IN THE WOODS

북쪽이 남쪽이고
오른쪽이 왼쪽이네
네가 사라지고 없을 때면
집에서 너를 맞아주는 사람이 나라네
하지만 지금은 내가 숲에서 길을 잃고 말았어
그리고 네가 어떤 길에 있는지 모르겠어
난 숲에서 길을 잃었네

**UP 'TIL NOW**
THE NEXT STEP WAS A QUESTION OF HOW
I NEVER THOUGHT IT WAS A QUESTION OF
**WHETHER**
WHO AM I
IF I'M NOT YOUR GUY?
WHERE AM I
IF WE'RE NOT TOGETHER FOREVER?

지금까지는
다음 단계는 '어떻게'에 관한 질문이었지
할지 말지에 대한 질문이라고 생각해 본 적은 단
한 번도 없어
난 누구인 거니
내가 너의 남자가 아니라면?
난 어디에 있는 거니
우리가 영원히 함께하지 않는다면?

The reindeer join Kristoff in song.

순록이 크리스토프와 함께 노래한다.

**KRISTOFF** NOW I KNOW YOU'RE MY TRUE NORTH
CAUSE I AM LOST IN THE WOODS
UP IS DOWN
DAY IS NIGHT
WHEN YOU'RE NOT THERE
OH, YOU'RE MY ONLY **LANDMARK**
SO I AM LOST IN THE WOODS
WONDERING IF YOU STILL CARE

**크리스토프** 이제는 네가 나의 진정한 북쪽이라는
것을 알아
왜냐하면 난 숲에서 길을 잃었으니까
위가 아래이고
낮이 밤이야
네가 없으면
오, 나의 이정표는 너뿐이야
그래 난 숲에서 길을 잃었어
네가 아직도 내게 관심이 있는지 궁금해하면서

The reindeer **surround** him like a cool band.

순록이 멋진 밴드처럼 그를 둘러싼다.

---

catch up with ~을 따라가다, 따라잡다

grow apart 사이가 멀어지다

chase 〈비격식〉 (사귀자고) 쫓아/따라다니다

up 'til now 지금에 이르기까지, 지금까지 (= until)

whether ~인지 아닌지, ~이든 아니면 ~이든

landmark 랜드마크, 주요 지형지물

surround 둘러싸다, 에워싸다

**KRISTOFF** BUT I'LL WAIT
FOR A SIGN
THAT I'M YOUR PATH
CAUSE YOU ARE MINE

UNTIL THEN
I'M LOST IN THE WOODS
I'M LOST IN THE WOODS
I'M LOST IN THE WOODS

크리스토프  하지만 난 기다릴 거야
신호를
내가 너의 길이라는 그 신호
왜냐하면 넌 내 것이니까

그때까지는
난 숲에서 길을 잃었네
난 숲에서 길을 잃었네
난 숲에서 길을 잃었네

Sven **rests** his chin on Kristoff's knee, **comforting** him.

스벤이 크리스토프를 위로하며 자신의 턱을 그의 무릎에 댄다.

EXT. NORTHERN FOREST – DAY
Elsa walks ahead of Anna, fast, searching, but **increasingly** anxious Bruni runs on rocks beside her. Elsa calls out, imitating the Voice. Olaf suddenly catches up, imitating the Voice, too. It's **grating** and shocks Anna and Bruni, who jumps and **sparks**. Elsa calls again. Again, Olaf repeats. Bruni jumps bigger and **flares up**. It **grumbles** and **scrambles** off, **annoyed**.

외부, 북부의 숲 – 낮
엘사가 안나 앞으로 빠르게 살펴 가는데 점점 더 불안해하는 브루니가 그녀 옆에 있는 바위 위를 달린다. 엘사가 그 목소리를 흉내 내며 외친다. 올라프도 뒤따르며 그 목소리를 흉내 낸다. 소리가 귀에 너무 거슬러서 안나와 브루니를 깜짝 놀라게 하고, 브루니가 뛰어오르며 불꽃을 튀게 만든다. 엘사가 다시 외친다. 또다시, 올라프가 반복한다. 브루니가 더 높이 뛰어오르며 확 타오른다. 그가 짜증 내며 재빨리 기어가며 사라진다.

**ANNA**  Hey Olaf, um maybe just one of you should do it.

안나  이봐, 올라프, 음 그냥 둘 중에 한 명만 부르는 게 좋을 것 같아.

**OLAF**  I agree. (**referring to** Elsa) She's a little **pitchy**.

올라프  나도 그렇게 생각해. (엘사를 거론하며) 엘사 목소리가 좀 카랑카랑하긴 하지

All of a sudden, Gale **flutters** around them.

갑자기, 게일이 그들 주위로 훨훨 날아든다.

**OLAF**  Hey, Gale's back.

올라프  이야, 게일이 돌아왔다.

Gale sweeps around Elsa and then leads her eye to— A **TATTERED** FLAG **sticking up** over a rise.

게일이 엘사 주위를 스치며 그녀의 눈을 한쪽으로 이끈다— 누더기가 된 깃발이 오르막 위로 튀어나와 있다.

**ANNA**  What…?

안나  뭐지…?

EXT. DRY **RIVERBED** – DAWN
The flag waves before us, Anna, Elsa and Olaf come over the rise and **stop short**, in shock at the sight.

외부, 말라버린 강바닥 – 새벽
깃발이 우리 눈앞에서 펄럭거리고, 안나, 엘사, 그리고 올라프가 오르막을 넘어오다가 갑자기 앞에 펼쳐진 광경에 충격을 받으며 멈춰 선다.

---

rest (어떤 것에) 받치다/기대다

comfort 위로/위안하다

increasingly 점점 더, 갈수록 더

grating 귀에 거슬리는

spark 불꽃/불똥을 일으키다

flare up 확 타오르다, 벌컥 화를 내다

grumble 투덜/툴툴거리다

scramble (몸을 지탱하며) 재빨리 움직이다

annoyed 짜증이 난, 악이 오른

refer to ~을 나타내다, 언급/지칭하다

pitchy (노래할 때) 음이 잘 안 맞는

flutter 빠르고 가볍게 흔들(리)다

tattered 낡은 대로 낡은, 다 망가진

stick up (위로) 불쑥 튀어나오다

riverbed 강바닥

stop short (하던 일을) 갑자기 뚝 멈추다

REVEAL: crashed and broken in a dry riverbed, **lies** a SHIP; its **hull completely** ripped open. The sisters grab onto each other—

**ANNA**     How can it be?[1]

Olaf steps onto a rock and looks out.

**OLAF**     What is it?

**ANNA**     Mother and Father's ship.

**OLAF**     But this isn't the Southern Sea.

**ANNA**     No. It isn't.

Elsa and Anna run down the **embankment**, desperate to get to the ship.

드러난다: 말라버린 강바닥에 침몰하여 부서진 배가 한 척 놓여있다: 선체가 완전히 뜯겨 나갔다. 두 자매가 서로를 붙잡는다—

**안나** 어떻게 이럴 수가 있지?

올라프가 바위 위로 올라서서 망을 본다.

**올라프** 저게 뭐야?

**안나** 어머니와 아버지의 배야.

**올라프** 하지만 여기는 남쪽 바다가 아니잖아.

**안나** 그래, 아니지.

엘사와 안나가 배에 다가가고 싶은 간절한 마음에 둑을 뛰어내려간다.

---

lie 눕다, (기다랗게 가로) 놓여 있다
hull (배의) 선체
completely 완전히
embankment 둑, 제방, (도로, 철로가) 경사면

[1] **How can it be?**
어떻게 이럴 수가 있지?
이 표현을 응용해서 How 뒤에 형용사를 넣어 볼게요. How hard can it be? '그게 얼마나 어렵겠어? (= 어떻게 어려울 수 있지, 쉬울거야)', How bad can it be? '그게 얼마나 나쁘겠어?' 라고 쓸 수 있어요.

# A Magical Queen of Arendelle

아렌델의 마법의 여왕

🎧 21.mp3

INT. SHIP – DAWN
Elsa and Anna climb into the broken hull. Everything's been tossed or **washed away**. They move through the **wreckage** in **heartbroken** shock.

ELSA    Why is their ship here? How is it here?

As the girls search under broken wood **planks** and ripped sails.

**ANNA**    It must have been **washed in** from the Dark Sea.

ELSA    What were they doing in the Dark Sea?

**ANNA**    I don't know.

Olaf arrives in the hull, looks around concerned.

OLAF    How did the ship get through the mist? I thought nobody could but us. Unless... nobody was on it.

**ANNA**    **There's got to be something here.**❶ Wait. Wait. Look around.

Anna starts rushing around searching.

**ANNA**    Every Arendellian ship has a **compartment**. **Waterproof**.

Elsa **collects herself** and checks the walls and damaged cupboards.

---

내부, 배 – 새벽
엘사와 안나가 부서진 선체 안으로 들어간다. 모든 것이 내던져지고 씻겨 내려가버렸다. 그들이 비통한 충격 속에서 배의 잔해 속을 옮겨 다닌다.

엘사  그들의 배가 왜 여기에 있는 거지? 어떻게 여기로 온 걸까?

그녀들이 부서진 목재 널빤지들과 찢겨나간 돛 밑을 살펴본다.

안나  분명히 어둠의 바다에서 파도에 밀려 들어왔을 거야.

엘사  어둠의 바다에서 그들이 뭘 하고 있었던 거지?

안나  나도 모르지.

올라프가 선체에 도착해서 걱정하는 표정으로 둘러본다.

올라프  이 배가 어떻게 안개를 뚫고 들어왔지? 우리 말고는 아무도 안개를 뚫을 수 없는 줄 알았는데. 이 배에 아무도 없었다면 모르겠지만…

안나  여기에 분명 뭔가 단서가 있을 거야. 잠깐. 잠깐. 주위를 둘러봐.

안나가 급히 수색하며 돌아다니기 시작한다.

안나  모든 아렌델의 배에는 공간이 있었어. 방수.

엘사가 정신을 가다듬고 벽과 손상된 찬장들을 확인한다.

---

wash something away ~을 유실되게 하다
wreckage (사고 자동차, 선박 등의) 잔해
heartbroken 비통해하는, 비탄에 젖어
plank 널빤지, 나무판자
wash in (파도가) ~을 해안 쪽으로 나르다
compartment (보관용) 칸, (칸막이한) 객실
waterproof 방수의, 방수되는
collect oneself 마음을 가라앉히다

❶ **There's got to be something here.**
여기에 분명히 뭔가 있을 거야.
〈have got to + 동사〉는 구어체에서 '~하지 않으면 안 된다, ~해야만 한다, 틀림없이 ~이다'는 뜻으로 쓰이는 숙어예요. must나 have to와 동의 표현인데 구어체에서 의미를 더 강하게 표현할 때 자주 쓰인답니다.

**OLAF**     That's very clever. Although, it does make me wonder why they don't just make the whole ship waterproof.

Anna **drops to her knees**, starts **feeling around** on the floor.

**ANNA**     (O.S.) Here.

Anna finds the compartment. Opens it. Olaf and Elsa run over. Anna reaches inside, pulls out a waterproof, glass tube. She removes the lid, pulls out a bunch of parchments. She opens the smaller **parchments**. They're covered in a mysterious text.

**ANNA**     What language is this?

**ELSA**     I don't know. (noticing in the **margins**) But look, this is Mother's **handwriting**.

**ANNA**     (reading) The end of the **ice age**, the river found but lost. Magic's **source**. Elsa's source?

Elsa takes the parchments, **rereading** the **mention** of herself. Anna opens the other parchment.

**ANNA**     It's a map.

She lays the map out on the floor. The girls look it over.
ON THE MAP: We see Arendelle, the forest, and **beyond** the North Sea. A **crude** line marks the mist, with question marks along its northern **border**. **Dotted lines** mark a **route** up the fjord.

**ANNA**     They traveled north and planned to cross the Dark Sea to—

Anna stops short as the dotted line crosses the sea to a small island, drawn on, **labelled** in their mother's handwriting; AHTOHALLAN.

**ELSA**     Ahtohallan…

올라프  아주 영리하군. 그렇지만 왜 그냥 배 전체를 방수로 만들지 않았는지 궁금하네.

안나가 무릎을 꿇고, 바닥을 여기저기 더듬거리기 시작한다.

**안나**  (화면 밖) 여기.

안나가 그 칸을 찾는다. 연다. 올라프와 엘사가 그쪽으로 달려온다. 안나가 안으로 손을 뻗어 방수가 되는 유리관 하나를 꺼낸다. 그녀가 뚜껑을 제거하고 양피지 문서 묶음 하나를 꺼낸다. 그녀가 그중 작은 양피지 문서들을 펼친다. 문서들이 이해하기 힘든 문자들로 가득 차 있다.

**안나**  이건 무슨 언어지?

**엘사**  글쎄. (여백 부분을 보며) 그런데 봐봐, 이건 어머니의 필체야.

**안나**  (읽으며) 빙하기의 끝, 강이 발견되지만 유실된다. 마법의 근원. 엘사의 근원?

엘사가 양피지 문서들을 받아 들고 그녀 자신에 대한 내용을 다시 읽는다. 안나가 다른 양피지 문서를 펼친다.

**안나**  지도야.

그녀가 바닥에 지도를 펼쳐 놓는다. 그녀들이 지도를 살펴본다.
지도 위: 아렌델과 숲, 그리고 북해 너머가 보인다. 안개를 나타내는 대충 그린 선이 있고, 안개의 북부 경계선을 따라 물음표들이 표시되어 있다. 점선들이 피오르 위쪽 루트를 나타낸다.

**안나**  그들은 북쪽으로 가서 어둠의 바다를 건널 계획이었던 거야—

점선이 바다를 건너 작은 섬까지 이어진 것에 안나가 잠시 멈추고, 그들 어머니의 필체로 쓰여 있다: 아토할란.

**엘사**  아토할란…

---

drop to one's knees 털썩 무릎을 꿇다
feel around 여기저기 더듬거리다
parchment 양피지
margin (책 페이지의) 여백
handwriting 친필, 육필, 필적
ice age 빙하시대, 빙하기
source (사물의) 원천, 근원
reread 다시 읽다

mention 언급, 거론
beyond ～저편에/너머
crude 대충의, 대강의
border 국경, 경계, 가장자리
dotted line 점선
route 길, 경로, 루트, 노선
label (정보를) 적다

| | | | |
|---|---|---|---|
| **ANNA** | It's real? | **안나** 이거 실제로 있는 거야? | |
| **OLAF** | Ahto-who-what? | **올라프** 아토–누구–뭐라고? | |
| **ANNA** | Ahtohallan. It's a magical river said to hold all the answers about the past. | **안나** 아토할란. 과거에 대한 모든 답을 간직하고 있는 것으로 알려진 마법의 강이야. | |
| **OLAF** | **Reinforcing** my water has memory theory— | **올라프** 물에는 기억이 있다는 나의 이론을 더욱 강화해 주는군— | |

That gives Elsa a thought.

그 말을 듣고 엘사가 생각이 떠오른다.

| **ELSA** | (whisper) Water has memory. | **엘사** (속삭이며) 물에는 기억이 있다. |
|---|---|---|

Elsa closes her eyes and presses her hands to the floor. Her powers literally pull **moisture** from the old wooden **beams**, the atmosphere, the **floorboards**.

엘사가 두 눈을 감고 양손으로 바닥을 누른다. 그녀의 마법의 힘이 오래된 목재 판자와 대기, 마룻널로부터 말 그대로 수분을 끌어당긴다.

| **ANNA** | Elsa? | **안나** 엘사? |
|---|---|---|
| **ELSA** | I want to know what happened to them. | **엘사** 그들에게 무슨 일이 있었던 건지 알고 싶어. |
| **IDUNA** | (V.O.) (distant, **reverb**) Ahtohallan has to be the source of her magic. | **이두나** (목소리) (멀리서, 에코) 분명 아토할란이 그녀 마법의 근원일 거예요. |
| **KING AGNARR** | (V.O.) We keep going, for Elsa. | **아그나르 왕** (목소리) 우리는 계속 나아갈 거요, 엘사를 위해서. |
| **IDUNA** | (V.O.) The waves are too high. | **이두나** (목소리) 파도가 너무 높아요. |
| **KING AGNARR** | (V.O.) Iduna! | **아그나르 왕** (목소리) 이두나! |
| **IDUNA** | (V.O.) Agnarr! | **이두나** (목소리) 아그나르! |

An ice sculpture forms before them, **life size**. It's of their parents, holding **one another**, as a wave begins to overtake them. Anna rushes to Elsa's side. Holds her, as they **take in** the **painful** image. Elsa suddenly gets up and rushes out of the ship.

얼음 조각이 그들 앞에 형성된다. 실물 크기로, 그들의 부모님이 파도가 그들을 덮치기 시작할 때 서로를 안고 있는 모습의 조각상이다. 안나가 엘사의 곁으로 뛰어간다. 고통스러운 장면을 받아들이며 그녀를 안는다. 엘사가 갑자기 일어나 배 밖으로 뛰어나간다.

---

reinforce (감정, 생각 등을) 강화하다

theory 이론, 학설

moisture 수분, 습기

beam 빛줄기, 기둥, 광선

floorboard 마룻널, 마루판

reverb (음향: 소리의 울림) 에코

life size 실물 크기

one another 서로서로

take in 마음으로 받아들이다

painful 아픈, 고통스러운, 괴로운

| ANNA | Elsa. | 안나 | 엘사. |
|---|---|---|---|

As Anna runs after Elsa, Olaf watches after them, worried.

안나가 엘사 뒤로 뛰어가고, 올라프가 걱정스러운 표정으로 그들을 본다.

EXT. DRY RIVERBANK, SHIP – DAY
Elsa is **doubled over**, overwhelmed. Anna comes to her side.

외부. 말라버린 강독, 배 – 낮
엘사가 북받쳐 오르는 감정을 이기지 못해 몸을 숙인다. 안나가 그녀의 곁으로 온다.

**바로 이장면!***

| ANNA | Hey hey hey. What are you doing? | 안나 | 왜 이래 언니. 뭐 하는 거야? |
|---|---|---|---|
| ELSA | This is my **fault**. They were looking for answers about me. | 엘사 | 이건 내 잘못이야. 그들은 나에 대한 답을 찾고 있었던 거라고. |
| ANNA | You are not **responsible** for their choices, Elsa. | 안나 | 그들의 선택에 대해서 언니에겐 책임이 없어, 엘사. |
| ELSA | No, just their deaths. | 엘사 | 아니, 그들의 죽음에 대한 책임이 있을 뿐이지. |
| ANNA | Stop! No! Yelana asked why would the spirits reward Arendelle with a magical queen? Because our mother saved our father. She saved her enemy. **Her good deed was rewarded with you.**❶ You are a gift. | 안나 | 그만해! 안 돼! 엘레나가 왜 정령들이 아렌델에 마법의 여왕을 보상으로 주느냐고 물었잖아? 그건 우리의 어머니가 우리 아버지를 구했기 때문이었어. 어머니는 그녀의 적을 구한 거야. 그녀의 선행이 언니로 보상된 거였어. 언니는 선물이라고. |
| ELSA | For what? | 엘사 | 무엇을 위한 선물? |
| ANNA | If anyone can **resolve** the past, if anyone can save Arendelle, and free this forest, it's you. I **believe in** you, Elsa, more than anyone or anything. | 안나 | 만일 누군가 과거를 해결할 수 있다면, 누군가 아렌델을 구하고 이 숲을 해방할 수 있다면, 그건 언니야. 난 언니를 믿어, 엘사. 세상 그 누구, 그 무엇보다도 더. |

Elsa looks at Anna, believing her words. In this moment, Elsa **makes a decision**.

엘사가 안나의 말을 믿으며 그녀를 바라본다. 그때, 엘사가 결정을 내린다.

---

double over (웃음, 고통으로) 몸을 구부리다
fault 잘못, 책임
responsible 책임이 있는, 책임져야 할
good deed 선행
resolve (문제) 해결하다, (굳게) 다짐/결심하다
believe in (~의 존재, 능력 등을) 믿다
make a decision 결정하다, 결정을 내리다

❶ **Her good deed was rewarded with you.**
그녀의 선행이 언니로 보상된 거였어.
be rewarded with ~는 '~로 상을 받다, 보상 받다'이라는 의미입니다. with 뒤에는 보상의 내용 즉 돈이나 보너스, 선물 등의 내용이 나와야 합니다. The kid was rewarded with a gift. '그 아이는 선물로 보상 받았다'라고 쓰여요.

| | | |
|---|---|---|
| **ELSA** | Honeymaren said there was a fifth spirit, a bridge between the magic of nature and us. | 엘사 허니마린이 다섯 번째 정령이 있다고 했어. 자연의 마법과 우리 사이를 연결하는 그런 정령. |
| **ANNA** | A fifth spirit? | 안나 다섯 번째 정령? |
| **ELSA** | That's who's been calling me– from Ahtohallan. The answers about the past are all there. | 엘사 나를 계속 불렀던 게 그 정령이야 – 아토할란에서. 과거에 대한 답들이 모두 거기에 있어. |
| **ANNA** | (determined) So we go to Ahtohallan. | 안나 (단호하게) 그래서 우리는 아토할란으로 간다. |
| **ELSA** | Not WE. Me. | 엘사 우리가 아니라, 내가. |
| **ANNA** | What? | 안나 뭐라고? |
| **ELSA** | The Dark Sea is too **dangerous** for us both. | 엘사 어둠의 바다는 우리 둘 다 가기엔 너무 위험해. |
| **ANNA** | No. No. We do this together. Remember the song? Go too far and you'll be **drowned**. Who will stop you from going too far? | 안나 안 돼, 안 돼. 우린 이 일을 함께해야 돼. 그 노래 기억해? 너무 멀리 가면 물에 빠져 죽을 거다. 언니가 너무 멀리까지 못 가게 막아주는 사람이 누구지? |
| **ELSA** | You said you believed in me, that **this is what I was born to do.**❶ | 엘사 네가 나를 믿는다고 했잖아. 이 일이 내가 태어난 이유이기도 하고. |
| **ANNA** | And I don't want to stop you from that. I don't want to stop you from being whatever you need to be! I just don't want you dying trying to be everything for everyone else, too. Don't do this alone. Let me help you. Please, I can't lose you, Elsa. | 안나 그리고 난 그런 언니를 막고 싶지 않아. 언니가 뭐가 되려고 하든 그걸 막고 싶지는 않다고! 난 그저 언니가 다른 모든 사람들을 위해 모든 것이 되려고 애쓰다 죽는 것을 원치 않을 뿐이야. 이 일을 혼자 하지 마. 내가 언니를 돕게 해 줘. 제발, 난 언니를 잃을 수 없어, 엘사. |

Elsa looks at Anna with **weary** eyes.

엘사가 고단한 눈으로 안나를 바라본다.

| | | |
|---|---|---|
| **ELSA** | I can't lose you, either, Anna. | 엘사 나도 널 잃을 수는 없어, 안나. |

They hug. Elsa motions to Olaf to **come closer**.

그들이 껴안는다. 엘사가 올라프에게 더 가까이 오라고 손짓한다.

| | | |
|---|---|---|
| **ELSA** | Come on. | 엘사 어서. |

---

dangerous 위험한
drowned 물에 빠져 죽은
weary 피곤한, 고단한, (심신이) 고달픈
come closer 가까이 오다

❶ **This is what I was born to do.**
이것을 하려고 난 태어난 거야.
〈be동사 + born to + 동사〉 형식은 '천생 ~을 할 운명이다', '~을 하려고 태어난 사람이다'라는 의미로 쓰이는 표현이에요. He is born to be a leader. '그는 천생 리더로 태어난 사람이다' 이렇게 쓰여요.

Elsa suddenly uses her powers to blast a small **path** that follows down the dry riverbed.

엘사가 마법의 힘을 이용해서 말라버린 강바닥을 따라 작은 길을 만든다.

**ANNA**   *Wait, what?*

**안나** 잠깐, 뭐야?

She then makes a **make-shift** boat right under Anna and Olaf's feet. They fall into it. With a **stomp** of the foot, she sends them racing down the **icy** path.

그러고는 안나와 올라프 발아래로 간이 배를 만든다. 그들이 그 안으로 넘어진다. 발을 굴러 얼음 길을 따라 그들이 질주하게 한다.

**ANNA**   *What are you doing? Elsa!*

**안나** 뭐 하는 거야? 엘사!

---

path 길
make-shift 임시변통의
stomp 쿵쿵거리며 걷다, 바닥을 쿵 밟는 행위
icy 얼음같이 찬, 얼음에 뒤덮인

# Rising Anger
끓어오르는 분노

🎧 22.mp3

EXT. RIVER – DUSK
Anna tries to stop them from sliding along the ice path.

**ANNA** No! No! Olaf, help me stop! (It's no use.) **GIVE ME A HAND!**❶

Olaf **literally** hands her his entire arm. She looks at it confused – then gets an idea. She spots a tree with a **low hanging** branch up ahead.

**ANNA** Hang on!

She **stretches** her arm up, Olaf's hand grabs the branch, and the boat **swivels**, goes flying onto land. Victory. But it quickly drops down a slope and SPLASHES into a river. Victory over.

**ANNA** Wait. Wait. No. No. No! Oh, come on!

외부, 강 – 땅거미
빙판을 따라 미끄러져 내려가는 것을 안나가 멈춰보려고 한다.

**안나** 안 돼! 안 돼! 올라프, 나 좀 멈추게 도와줘! (소용이 없다) 도와줘!

올라프가 문자 그대로 그의 팔을 통째로 그녀에게 건넨다. 그녀가 혼란스러워하며 그것을 바라보고 – 그러고는 아이디어를 떠올린다. 그녀가 앞쪽으로 낮게 드리운 나뭇가지를 발견한다.

**안나** 잠깬!

그녀가 팔을 위로 쭉 뻗어서 올라프의 손이 나뭇가지를 잡는데, 배가 휙 돌면서 땅 위로 날아간다. 성공. 하지만 배가 곧바로 경사로로 미끄러져 내려오더니 강으로 첨벙 뛰어든다. 성공 끝.

**안나** 잠깐. 잠깐. 안 돼. 안 돼. 안 돼! 오, 제발!

바로 이 장면!*

**OLAF** ...Anna, this might sound crazy, but I'm sensing some **rising anger**.

**ANNA** Well, I am angry, Olaf. She promised me we'd do this together!

**OLAF** Ya-huh. But what I mean is, I'm sensing rising anger in me.

**ANNA** Wait, you're angry?!

**올라프** ...안나, 좀 이상하게 들릴 수도 있겠지만, 끓어오르는 분노가 느껴져.

**안나** 그래, 내가 화났으니까, 올라프. 언니가 나와 함께하기로 약속했던 말야!

**올라프** 어-허. 그런데 내 말은 내 안에서 끓어오르는 분노가 느껴진다는 거야.

**안나** 잠깐, 네가 화가 났다고?!

---

literally 문자/말 그대로, 그야말로
low hanging 낮은 위치에 매달려있는
Hang on! 잠시만! 기다려! (= Hold on)
stretch (무엇을 잡기 위해 팔다리를) 뻗다
swivel (고정된 채) 돌다/회전하다
rising anger 커져가는 분노
Ya-huh (긍정) 그래 맞아 (= Yes it is.)

❶ **Give me a hand!**
도와줘!
이 문장은 '도움이 필요해' 즉 I need your help. 와 같은 표현인데, a hand는 '손' 외에도 '도움'이란 의미도 있어요. 이 장면에서는 안나의 도와달라는 요청에 올라프가 진짜 자기 손(팔)을 뽑아 내미는 재밌는 모습이 나온답니다. 결국은 '큰 도움'이 되죠.

110

**OLAF** I think so? Elsa pushed me away, too. And didn't even say goodbye.

올라프 아무래도 그런 것 같은데? 엘사가 나도 밀쳐냈다고. 게다가 작별 인사도 안 했잖아.

**ANNA** And you **have every right to** be very, very mad at her.

안나 그래 네가 언니에게 화가 나는 건 너무도 당연한 일이야.

**OLAF** And you said some things never change but since then everything's done **nothing but** change.

올라프 그리고 네가 어떤 것들은 절대 변하지 않는다고 했지만, 그때 이후로 모든 것이 변하기만 했어.

Anna sees the panic on his face. She lets go of her own anger for him.

안나가 그의 얼굴에서 두려움을 본다. 그를 위해서 그녀가 자신의 분노는 떨쳐버린다.

**ANNA** I know. But look! I'm still here holding your hand.

안나 나도 알아. 하지만 봐! 난 여전히 네 손을 잡고 있잖아.

**OLAF** (cheering up) Yeah. That's **a good point**, Anna.

올라프 (기운을 내며) 그래. 좋은 지적이야, 안나.

Anna notices something up ahead.

안나가 앞쪽에 있는 뭔가를 알아본다.

**OLAF** (O.S.) I feel better. **You're such a good listener.** ❶

올라프 (화면 밖) 기분이 나아졌어. 넌 참 남의 이야기를 잘 들어줘.

Anna slams a hand over Olaf's mouth.

안나가 손으로 올라프의 입을 확 막는다.

**ANNA** Olaf. No, shhh!

안나 올라프. 안 돼. 쉬이이!

**OLAF** (through her fingers) Don't **shush** me. That's **rude**—

올라프 (그녀의 손가락들 사이로) 나한테 쉬이 라고 하지 마. 그건 무례한—

Anna turns his head around and shows him the sight before them. SLEEPING GIANTS **line** the river.

안나가 고개를 돌려서 그에게 그들 앞에 펼쳐진 광경을 보여준다. 잠든 거인들이 강을 따라 늘어서 있다.

**OLAF** (a whisper) Oh, the giants... They're huge.

올라프 (속삭임) 오, 그 거인들… 엄청 크구나.

Anna and Olaf **silently** glide past them. Anna looks and sees that before them the river **splits**. One way is lined with giants. The other leads to a waterfall into a pit. Anna makes a choice.

안나와 올라프가 조용히 그들 옆으로 미끄러져 간다. 안나가 보니 그들 앞에 강이 나뉘어 있다. 한쪽은 거인들이 줄지어 있다. 다른 한쪽은 깊은 동굴로 빠지는 폭포가 나온다. 안나가 선택한다.

---

have every right to 당연히 ～할 만하다
nothing but 오직/그저 ～일뿐인
a good point 설득력 있는 논점
shush 쉬, 쉿, 쉿 하라고 말하다
rude 무례한, 예의 없는
line ～을 따라 늘어서다
silently 아무 말 없이, 잠자코
split 분열되다, (작은 부분들로) 나뉘다

❶ **You're such a good listener.**
넌 다른 사람의 이야기를 참 잘 들어준다.
다른 사람의 말을 잘 들어주는 능력이 있는 사람을 a good listener라고 해요. 관용 표현이라고 생각하고 이 표현은 위의 문장 그대로 쓰는 게 가장 좋아요.

**ANNA** (a whisper) Hang on, Olaf. Try not to scream.

She uses Olaf's arm to row and **directs** them towards the waterfall side, instead of towards the giants. They fall into the pit, **named** the Lost **Caverns**. Olaf **squelches** his scream.

INT. LOST CAVERNS – A FEW MOMENTS LATER
Two rocks slam together and spark. A piece of **driftwood** lights. Anna's hand picks up Olaf's carrot.

**ANNA** Found it.

Anna puts Olaf's carrot back on his face. As he opens his mouth—

**OLAF** Thank you...

A fish falls out. He doesn't seem to notice it.

**OLAF** Where are we?

**ANNA** (looking around) In a pit **with no way out**?

Olaf spots a dark opening behind a rock, runs to it.

**OLAF** But with a **spooky**, **pitch-black** way in.

Anna approaches, looks at the opening, debates, Olaf takes her hand, leads her in.

**OLAF** Come on. It'll be fun, **assuming** we don't **get stuck** here forever, no one ever finds us, and you **starve**, and I give up.

As they walk into darkness—

**OLAF** But **bright side**: Elsa's gotta be doing **a whole lot** better than we are.

안나 (속삭임) 잘 잡아, 올라프, 소리 지르지 마.

그녀가 올라프의 팔을 이용해 노를 저어 거인들이 있는 쪽 대신에 폭포 쪽으로 방향을 잡는다. 그들이 잃어버린 동굴이라는 이름을 가진 동굴로 떨어진다. 올라프가 비명이 나오는 걸 억지로 참는다.

내부. 잃어버린 동굴 – 잠시 후
돌 두 개를 부딪쳐 불꽃을 일으킨다. 표류목 한 도막에 불이 붙는다. 안나의 손이 올라프의 당근을 집어 올린다.

안나 찾았다.

안나가 올라프의 당근을 다시 그의 얼굴에 붙인다. 그가 입을 여는데--

올라프 고마워...

물고기가 입에서 튀어나오는데, 그는 모르는 것 같다.

올라프 우리가 어디에 있는 거지?

안나 (주위를 살펴보며) 출구가 없는 동굴?

올라프가 바위 뒤에 있는 어두운 구멍을 발견하고 그쪽으로 간다.

올라프 으스스하고, 암흑이지만 길은 있는 것 같은데.

안나가 다가가서 구멍을 살피며 곰곰이 생각한다. 올라프가 그녀의 손을 잡고 안으로 이끈다.

올라프 어서. 재미있을 거야, 우리가 여기에 영원히 갇히고, 아무도 우리를 못 찾고, 넌 쫄쫄 굶고, 나는 포기하고 그러지만 않는다면.

그들이 암흑 속으로 걸어 들어가는데--

올라프 하지만 긍정적인 건: 엘사는 우리보다 훨씬 더 잘해야 한다는 거지.

---

direct 지휘하다, (길을) 안내하다
named ~라는 이름을 가진, ~라고 불리는
cavern 동굴
squelch 억누르다, 진압하다, 질벅거리다
driftwood 표류목
with no way out 꼼짝없이, 헤어날 길 없이
spooky 〈비격식〉 으스스한
pitch-black 칠흑같이 새까만/어두운

assume (사실로) 추정/상정하다, ~이라 가정하다
get stuck 꼼짝 못 하게 되다
starve 굶주리다, 굶어 죽다
bright side 밝은 면, 긍정적인 부분
a whole lot 〈구어〉 아주 많이

EXT. BLACK SAND BEACH, DARK SEA – NIGHT
Elsa stands on the shore of a black, rocky beach. The sea's **ferocious** waves rise high and crash before her. **Resolute**, she removes her coat and boots. Tying up her hair and taking a deep breath, she sprints towards the tumbling waves. As she crosses the water, frozen snowflakes **radiate** from each **footfall**, supporting her weight. About twenty feet from shore, the waves **overtake** her.

JUMP CUT TO:
ANOTHER ATTEMPT... Elsa, dripping wet, sprints down the beach, this time getting past the first set of waves by leaping onto a large rock a little way out to sea. She freezes the seawater crashing into the rock and uses it as a slide to gain speed for the second set of waves. A **colossal** wave rises to face her. Elsa attempts to freeze the wave, but it's too powerful. The ice wall crashes on top of her, **plunging** her beneath the ocean. In the darkness underwater, the waves roll overhead. Lightning strikes, illuminating the sea and that's when she sees it.

THE WATER HORSE. It swims up to Elsa and looks her in the eye. With another lightning strike, it disappears. Elsa **claws her way** to the surface. Waves toss her as she looks down to see the Water Horse sprint up from the depths, straight for her. She creates an ice flow and pulls herself onto it just in time for the Water Horse to **ram** her **vessel** and send Elsa **careening** into the air. Struggling for breath, Elsa turns to see the Water Horse, attacking again. Its **hooves** drive her underwater. She tries to **break free**, as it drives her deeper and deeper. She grabs onto the hooves and freezes the horse. It resists and shatters into **billions of** particles. Elsa **resurfaces** and the horse is right there, throwing her into the air.
LIGHTNING FLASH. Elsa creates a giant ice wave that collapses onto the horse. LIGHTNING FLASH.
Underwater, Elsa makes an ice shield that the horse bursts through. LIGHTNING FLASH.
Above the water, the horse grabs Elsa's arm, dragging her through the waves. She fights to breathe. Desperate, she throws out an ice **bridle**. It hooks the horse's mouth and head.

외부. 검정 모래 해변, 어둠의 바다 – 밤
자갈이 많은 검은 해변에 엘사가 서 있다. 바다의 맹렬한 파도가 높이 치솟아 올라 그녀 앞으로 부서진다. 단호하게, 그녀가 겉옷과 부츠를 벗는다. 그녀의 머리를 묶고 심호흡 후 허물어지는 파도 쪽으로 질주한다. 그녀가 물을 건널 때 얼어붙은 눈송이들이 그녀가 발을 내디딜 때마다 뿜어져 나오며 그녀의 무게를 지탱해 준다. 해안에서 약 20피트 떨어진 곳에서 파도가 그녀를 덮친다.

장면 급전환:
다시 시도… 흠뻑 젖은 엘사가 해변을 질주해서 바다와 가까운 곳에 있는 큰 바위 위로 뛰어오르며 이번에는 첫 번째 단계의 파도를 넘어선다. 그녀가 바위 쪽으로 부서지는 바닷물을 얼리고, 두 번째 단계의 파도에 대비해 속도를 높이기 위해 그것을 미끄럼틀로 이용한다. 엄청난 크기의 파도가 그녀에게 맞서려고 일어난다. 엘사가 파도를 얼려보려고 하지만, 파도가 너무 강력하다. 얼음 장벽이 그녀의 위에서 부서지며 그녀를 바닷속으로 거꾸러지게 한다. 바닷속 어둠에서 파도가 머리 위로 울렁거린다. 번개가 치며 바다를 환하게 비추는데 그때 그녀가 그것을 본다.

물의 정령(워터호스)이다. 그 말이 엘사에게 헤엄쳐 오더니 엘사의 눈을 똑바로 쳐다본다. 번개가 한 번 더 치더니, 말이 사라진다. 엘사가 수면 위로 올라온다. 파도가 그녀를 이리저리 내던지는데 그녀가 깊은 물속에서 그녀를 향해 질주해 올라오는 물의 정령을 보려고 아래를 내려다본다. 그녀가 얼음을 만들어 그 위로 올라타는데 때마침 물의 정령이 그녀가 타고 있는 얼음을 들이받아 엘사가 공중으로 핵 기울며 날아간다. 숨 가쁜 상황에서 엘사가 몸을 돌리니 물의 정령이 다시 공격해 온다. 말의 발굽들이 그녀를 물속으로 몰고 간다. 그녀가 점점 더 깊이 빠져들어 가면서 떨쳐 풀려고 애쓴다. 그녀가 발굽들을 꽉 잡고 말을 얼린다. 그 말이 저항하며 수십억 개의 입자로 산산이 부서진다. 엘사가 다시 수면으로 올라오는데 그 말이 바로 거기에 있다가 그녀를 공중으로 날려버린다.
번개 번쩍. 엘사가 말 위로 쏟아져 내리는 거대한 얼음 파도를 만든다. 번개 번쩍.
물속에서 엘사가 얼음 방패를 만드는데 말이 뚫고 들어온다. 번개 번쩍.
물 위에서 말이 엘사의 팔을 끌고 파도 사이로 끌고 간다. 그녀가 숨을 쉰다. 필사적으로 그녀가 얼음 굴레를 던진다. 그 굴레를 말의 입과 머리를 걸어 묶는다.

---

| | |
|---|---|
| ferocious 흉포한, 맹렬한, 격렬한 | ram (선박 등) 들이받다, (억지로) 쑤셔 넣다 |
| resolute 단호한, 확고한 | vessel 선박, 배, (액체를 담는) 그릇 |
| radiate (열, 빛, 에너지 등을) 내뿜다 | careen (위태롭게) 달리다 |
| footfall (문예체) 발소리 | hoof 발굽 (복수형; hooves) |
| overtake 앞지르다, 능가하다, 엄습하다 | break free 떨치다, 도망치다 |
| colossal 거대한, 엄청난 | billions of 수십억의 |
| plunge (아래로) 거꾸러지다, 급락하다 | resurface 다시 떠오르다/드러나다 |
| claw one's way 이를 악물고 나아가다 | bridle (굴레를 씌우다) 굴레 |

She swings around on the bridle, landing on the horse's back. The horse **bucks** and panics. Elsa yanks the reins. Something **primal** in the horse reacts. It turns towards Ahtohallan. It runs, but fights, trying to throw her off, trying not to give in to her **commanding** hold. She pulls the reins tighter, presses her legs tighter. She **refuses** to give up until— The horse responds. Its **stride evens out**. She rides in rhythm to it. Elsa pets the horse as it **calms**. Then, up ahead an island **comes into view**. But then Elsa sees that it's not just an island, but **rather** a giant **glacier** that sparkles magically. A **flood** of emotion hits her.

ELSA  Of course. (to the horse) Glaciers are rivers of ice. (looking ahead) Ahtohallan is **frozen**.

She then hears the Voice, clearly coming from the glacier.

ELSA  I hear you. And I'm coming.

She lights up. She **snaps** the reins and the Water Horse **quickens** its **pace**. She sings.

그녀가 굴레를 잡고 빙글빙글 돌다가 말의 등에 올라탄다. 말이 날뛰며 크게 당황한다. 엘사가 고삐를 홱 잡아당긴다. 말 내면에 있는 근원적인 무엇인가가 반응한다. 말이 아토할란 쪽으로 돌아선다. 말이 달린다. 하지만 그녀를 떨어뜨리려고 저항하고, 그녀의 제압하는 손길에 굴복하지 않으려고 애쓴다. 그녀가 고삐를 더 세게 당기고 다리에 힘을 주어 더욱 압박을 가한다. 그녀가 포기하기를 거부하는데 그때ㅡ 말이 반응을 보인다. 그의 발걸음이 참잠해진다. 그녀가 말과 리듬을 맞춘다. 엘사가 말을 토닥거리고 말이 진정한다. 그러자, 앞에 섬이 모습을 드러낸다. 그런데 엘사가 보니 이것은 그냥 단순한 하나의 섬이 아니라 오히려 신비스럽게 반짝거리는 거대한 빙하이다. 감정의 홍수가 밀려든다.

엘사  그렇지. (말에게) 빙하는 얼음 강이야. (앞을 바라보며) 아토할란은 얼어 있는 거야.

그러고는 그녀가 그 목소리를 듣는다. 분명히 빙하에서 들려오는 소리다.

엘사  네 목소리가 들리는구나. 내가 지금 갈게.

그녀의 표정이 밝아진다. 그녀가 말의 고삐를 내려치니 물의 정령이 속도를 올린다. 그녀가 노래한다.

---

buck 날뛰다

primal 〈격식〉 원시의, 태고의

commanding 지휘하는, 우세한

refuse 거절/거부하다

stride (성큼성큼 걷는) 걸음, 발걸음

even out (심한 변동 뒤에) 잠잠해지다

calm 진정하다, 진정시키다

come into view 시야에 들어오다

rather 오히려, 차라리

glacier 빙하

flood 홍수

frozen 냉동된, 얼어붙은

snap 딱/툭 하고 부러뜨리다/끊다

quicken 빨라지다, 더 빠르게 하다

pace (달리기, 움직임의) 속도, (일의) 속도

# Show Yourself

네 모습을 보여 줘

🎧 23.mp3

SHOW YOURSELF

**ELSA** EVERY INCH OF❶ ME IS TREMBLING
BUT NOT FROM THE COLD
SOMETHING IS FAMILIAR
LIKE A DREAM I CAN REACH BUT NOT QUITE
HOLD

Approaching the mighty glacier.

I CAN SENSE YOU THERE
LIKE A FRIEND I'VE ALWAYS KNOWN

The horse arrives at the shore, she dismounts onto the white ice
beach. As she does, the ground **shimmers** around her. She feels the
power.

**ELSA** I'M ARRIVING
AND IT FEELS LIKE I AM HOME

The horse shakes its **mane** and dives away. Elsa turns back towards
the **mammoth** glacier, looks up at it, **electric**!

**ELSA** I HAVE ALWAYS BEEN A **FORTRESS**

She approaches the opening of the glacier, **looming** like a fortress
itself.

**ELSA** COLD SECRETS DEEP INSIDE

FROM INSIDE THE GLACIER: Elsa steps into the opening.

네 모습을 보여 줘

엘사 내 몸 구석구석이 다 떨고 있어
하지만 추워서 그런 게 아냐
뭔가 익숙해
마치 손을 뻗어 닿을 수는 있지만 잡을 수는 없는
꿈처럼

거대한 빙하에 다가서며.

난 거기 너를 느낄 수 있어
내가 늘 알고 지냈던 친구처럼

말이 해안에 도달한다. 그녀가 말에서 내려 새하얀
얼음 해변 위에 선다. 그녀가 그렇게 할 때 땅이
그녀의 주변에서 희미하게 빛나며 일렁거린다. 그
녀가 힘이 솟는 걸 느낀다.

엘사 막 도착했는데
마치 집에 돌아온 것 같은 기분이야

말이 갈기를 흔들고 물속으로 뛰어들어 사라진다.
엘사가 다시 거대한 빙하 쪽으로 몸을 돌리고 빙
하를 올려다본다. 전율을 느끼며!

엘사 난 항상 나를 숨겨 왔어

그녀가 요새처럼 거대한 모습으로 드리우는 빙하
의 틈 쪽으로 다가간다.

엘사 깊은 내면의 차가운 비밀들

빙하의 내부로부터: 엘사가 틈 안으로 발을 들여놓
는다.

---

tremble (몸을) 떨다/떨리다
shimmer 희미하게 빛나다
mane (말이나 사자 목덜미의) 갈기
mammoth 매머드 (멸종한 코끼리과)
electric 전기의, 열광(케)하는
fortress 요새, 성
loom 어렴풋이 나타나다, 흐릿하게 보이다

❶ **every inch of** ~의 모든 부분
뭔가를 묘사할 때 '하나도 빠짐없이 전부'라는
의미를 강조하며 쓰는 표현이에요. '구석구석,
고루고루, 마지막 한 치까지도' 등으로
번역하면 자연스러워요. I know every inch
of Chicago. '나는 시카고 구석구석까지 다
안다' 이렇게 쓸 수 있어요.

| ELSA | YOU HAVE SECRETS TOO<br>BUT YOU DON'T HAVE TO HIDE | 엘사 | 너에게도 비밀들이 있지<br>하지만 넌 숨지 않아도 돼 |

She walks deeper into the glacier, nervous, excited, **cautious**.

그녀가 긴장하고, 흥분하고, 조심스럽게 빙하의 더 깊은 곳으로 걸어 들어간다.

| ELSA | SHOW YOURSELF<br>**I'M DYING TO**❶ MEET YOU<br>SHOW YOURSELF<br>IT'S YOUR TURN<br>ARE YOU THE ONE I'VE BEEN LOOKING FOR<br>ALL OF MY LIFE<br>SHOW YOURSELF<br>I'M READY TO LEARN<br>AH-AH-AH-AH | 엘사 | 네 모습을 보여 줘<br>널 만나고 싶어 못 견디겠어<br>네 모습을 보여 줘<br>이제 네 차례야<br>내 평생 찾았던 존재가 바로 너니<br>네 모습을 보여 줘<br>난 알 준비가 됐어<br>아-아-아-아 |

| THE VOICE | AH-AH-AH-AH-AH | 목소리 | 아-아-아-아-아 |

Elsa runs down the **passage**, her hand moves along the ice wall, loving the feel of it.

엘사가 통로를 내려가며 얼음벽에 손을 대는데, 그 느낌이 너무 좋다.

### 바로 이장면!*

| ELSA | I'VE NEVER FELT SO CERTAIN<br>ALL MY LIFE I'VE BEEN TORN<br>BUT I'M HERE FOR A REASON<br>COULD IT BE THE REASON I WAS BORN? | 엘사 | 이렇게까지 확신이 있던 적은 없어<br>평생 동안 난 고통스러웠지<br>하지만 내가 여기에 온 건 이유가 있어서야<br>그 이유가 내가 태어난 이유일 수도 있을까? |

She reaches the end of the passage and takes **a leap of faith** into a cavern. She waves her magic and **creates** ice **pillars** to bridge her to the far side of the cavern.

그녀가 통로의 끝에 다다라 동굴 안으로 믿음의 도약을 한다. 그녀가 마법을 이용해서 동굴의 깊은 곳으로 그녀를 연결해 주는 다리 역할을 할 수 있도록 얼음 기둥들을 만든다.

| ELSA | I HAVE ALWAYS BEEN SO DIFFERENT<br>NORMAL RULES DO NOT **APPLY**<br>IS THIS THE DAY<br>ARE YOU THE WAY<br>I FINALLY FIND OUT WHY | 엘사 | 난 항상 남들과 달랐어<br>평범한 규칙들은 적용되지 않지<br>오늘이 바로 그날인가<br>네가 바로 그 방법이니<br>내가 마침내 이유를 알게 되는 |

---

cautious 조심스러운

passage 통로, 복도

a leap of faith 믿음의 도약 (경험적 증거가 없는 것을 믿거나 받아들이는 행위)

create 창조하다, 만들다

pillar 기둥

apply 신청하다, 적용하다

❶ **be동사 + dying to do something**
~하고 싶어 죽다/못 견디다
뭔가를 하고 싶어서 못 견디거나 하고 싶어서 죽을 정도라고 할 때 위의 표현을 쓸 수 있어요. I'm dying to find out. '나는 알고 싶어 죽겠다'. They are dying to meet you. '그들이 너를 못 견디게 보고 싶어 한다' 이렇게 쓸 수 있어요.

She blasts open a **caved** and broken part of the glacier, turning the **ruins** into **elegant** pillars.

그녀가 빙하의 함몰되고 부서진 부분을 마법으로 쏴서 잔해들이 멋진 기둥들로 변하게 한다.

**ELSA**    SHOW YOURSELF
I'M NO LONGER TREMBLING
HERE I AM, I'VE COME SO FAR
YOU ARE THE ANSWER I'VE WAITED FOR
ALL OF MY LIFE
SHOW YOURSELF
LET ME SEE WHO YOU ARE

엘사 네 모습을 보여 줘
난 더 이상 떨고 있지 않아
여기 내가 왔어, 정말 먼 길을 왔다고
넌 내가 내 평생 지금껏 기다려왔던 그 답이야
네 모습을 보여 줘
네가 누군지 보게 해 줘

She reaches a dead end; an ice wall. She blasts open the wall, filling the giant space behind with the symbol-covered ice crystals she saw in Arendelle long ago.

그녀가 막다른 길에 이른다. 얼음벽이다. 그녀가 예전에 아렌델에서 봤던 상징이 그려진 얼음 결정체들이 있는 뒤쪽의 거대한 공간을 채운 얼음벽을 그녀가 마법을 발사해서 부순다

**ELSA**    COME TO ME NOW
OPEN YOUR DOOR
**DON'T MAKE ME WAIT**❶
ONE MOMENT MORE

엘사 지금 내게로 와
네 문을 열어
날 기다리게 하지 마
한순간이라도 더

As Elsa moves into the **domed** space, the crystals form the shapes of the four spirits of nature. They then become giant diamond shaped symbols in the center of the room.

엘사가 반구체의 공간으로 들어가자 결정체들이 자연의 네 가지 정령들 모양을 이룬다. 그러더니 그 결정체들이 방 중앙에서 거대한 다이아몬드 모양의 상징이 된다.

    COME TO ME NOW
OPEN YOUR DOOR
DON'T MAKE ME WAIT
ONE MOMENT MORE

지금 내게로 와
네 문을 열어
날 기다리게 하지 마
한순간이라도 더

Elsa takes the symbols and lays them down to match the design on her mother's scarf. The center, between the symbols, starts to light up. Elsa realizes what to do. She steps onto the center. A **RUSH** of light and energy shoots up. The domed **ceiling** lights up with memories.

엘사가 상징을 가져다가 바닥에 내려놓으며 어머니의 스카프에 있는 무늬와 같은지 살펴본다. 상징들 사이의 중앙 부분이 밝아지기 시작한다. 엘사가 무엇을 할지 깨닫는다. 그녀가 중앙으로 발걸음을 옮긴다. 빛과 에너지가 한곳으로 모여 쏜살같이 위로 발사된다. 반구체의 천장이 수많은 기억으로 환해진다.

**MEMORIES** WHERE THE NORTH WIND MEETS THE SEA

기억들 북풍이 바다를 만나는 곳

---

caved 함몰된
ruins 폐허
elegant 우아한, 품격 있는, 멋들어진
domed 반구형의, 돔 형식의
rush (급작스러운) 돌진, 공격
ceiling 천장

❶ **Don't make me wait.**
나를 기다리게 하지 마.
〈Don't make + 주어 + 동사/형용사〉 형태로 '~을 …하게 만들지(하지) 마'라는 의미입니다. 주어, 동사 자리에 명사가 올 수도 있고 다양하게 활용할 수 있어요. Don't make her angry. '그녀를 화나게 하지 마'라고 쓸 수 있어요.

**YOUNG IDUNA MEMORY** AH-AH-AH-AH

어린 이두나의 기억 아-아-아-아

Elsa hears the Voice, turns towards the sound.

엘사가 목소리를 듣고 그 소리 쪽으로 돌아선다.

**MEMORIES** THERE'S A RIVER FULL OF MEMORY

기억들 기억으로 가득 찬 강이 있다네

She realizes the Voice is the memory of her Young Iduna, calling out the moment she saved Young Agnarr.

그 목소리가 이두나가 어린 아그나르를 구했던 순간을 부르는 어린 이두나의 기억이라는 것을 엘사가 깨닫는다.

**YOUNG IDUNA MEMORY** AH-AH-AH-AH

어린 이두나의 기억 아-아-아-아

Elsa, overcomes with emotion.

엘사가 감정에 휩싸인다.

**ELSA** Mother.

엘사 어머니.

Suddenly, ADULT IDUNA's memory sings from another part of the dome-

갑자기, 성인 이두나의 기억이 돔의 다른 부분에서 노래를 부른다 -

**IDUNA** COME MY DARLING HOMEWARD BOUND

이두나 집으로 돌아오렴 아가

Elsa **is struck by** emotion as she **finally** understands.

엘사가 마침내 이해하며 격한 감정에 휩싸인다.

**ELSA** I AM FOUND

엘사 나를 찾았어

**ELSA & IDUNA** SHOW YOURSELF
STEP INTO YOUR POWER

엘사와 이두나 네 모습을 보여 줘
네 힘 안으로 들어와

**Unlike** the **rebelliousness** of Let It Go, this transformation is an **acceptance** of the energy of the magic of the spirits of nature.

'렛잇고'의 반항적인 분위기와는 다르게, 이 변신은 자연의 정령들의 미법 에너지를 받아들이는 분위기이다.

**ELSA & IDUNA** GROW YOURSELF
INTO SOMETHING NEW

엘사와 이두나 너를 성장시켜라
새로운 모습으로

---

be동사 + struck by ~에 감명받다/끌리다
finally 마침내
unlike ~와는 달리, ~와는 다른
rebelliousness 반역적임, 반항적임
acceptance (선물, 제의 등을) 받아들임, 수락, 수용

Elsa sings through tears, loving that, through her mother's memory, she's able to feel like she's sharing this moment with her mother the moment where she becomes her **complete** self; the moment her magic and life make sense to her.

엘사가 어머니의 기억을 통해 감동 받고 눈물을 흘리며 노래 부른다. 마치 어머니의 순간과 지금의 순간을 함께 나눌 수 있는 것만 같다.

| MEMORIES | YOU ARE THE ONE YOU'VE BEEN WAITING FOR | 기억들 네가 기다리던 존재가 바로 너야 |
| --- | --- | --- |
| ELSA | ALL OF MY LIFE<br>SHOW YOURSELF | 엘사 내 평생<br>네 모습을 보여 줘 |
| MEMORIES | YOU | 기억들 너 |

MUSIC **CRESCENDO**. Elsa starts to use her magic to swirl all the memories.

음악이 점점 커진다. 엘사가 모든 기억들을 빙빙 돌게 하려고 마법을 사용하기 시작한다.

| ELSA | AH-AH-AH-AH | 엘사 아-아-아-아 |
| --- | --- | --- |
| MEMORIES | AH-AH-AH-AH | 기억들 아-아-아-아 |

The room fills with spinning snow.

빙빙 도는 눈으로 공간이 가득 찬다.

| ELSA | AH-AH-AH-AH | 엘사 아-아-아-아 |
| --- | --- | --- |
| MEMORIES | AH-AH-AH-AH | 기억들 아-아-아-아 |
| ELSA | AH-AH-AH-AH | 엘사 아-아-아-아 |

On the final note, Elsa spins and yanks all the snow down. **WHITE OUT**; As the air clears, we see that the ice memories are no longer in the ceiling. They are **three dimensional** and moving all around her. Unlike the sculptures she made in the forest, these move and **interact**. Their voices are clear.

마지막 음이 연주될 때 엘사가 빙 돌며 모든 눈을 아래로 홱 잡아당긴다. 화면이 눈으로 뒤덮어 아무것도 보이지 않는다. 눈안개가 걷히며 더 이상 천장에 얼음 기억들이 보이지 않는다. 이젠 기억들이 3차원이 되어 그녀의 주변에서 마구 움직인다. 그녀가 숲에서 만들었던 조각들과는 다르게 이 기억들은 움직이며 서로 대화를 한다. 그들의 목소리가 선명하게 잘 들린다.

---

complete 완료하다, 완벽한
crescendo 〈음악 용어〉 크레센도, (소리가) 점점 커짐
white out 안개/눈으로 보이지 않게 되다/하다
three dimensional 3차원적인
interact 소통하다, 교류하다, 상호작용을 하다

# Fear Is What Can't Be Trusted

신뢰할 수 없는 건 바로 두려움

🎧 24.mp3

Elsa moves through the memories, in awe. Young Anna and Elsa are creating Olaf **for the first time**.

**YOUNG ANNA**  I love you, Olaf!

**Adolescent** Anna rides by, standing on the seat of her bike. **Adult** Anna and Elsa ice skate by, Elsa taking Anna **by the hands**.

**ELSA**  Come on. You can do it.

Elsa **strutting** in LET IT GO—

**ELSA**  HERE I STAND **IN THE LIGHT OF DAY!**

Elsa **cringes**, seeing herself **back then**. She rushes past. WESELTON dances by.

**WESELTON**  Hohoo! Like a chicken with the face of a monkey, I fly.

Elsa sees Hans and Anna's first **interaction**.

**ANNA**  I just wasn't looking where I was going, but I'm great, actually.

**HANS**  Prince Hans of the Southern **Isles**.

Elsa blasts the memory of Hans to pieces and keeps walking. She passes her adult parents **embracing**, **pauses** to take them in.

**AGNARR**  I love you.

엘사가 경탄하며 기억들 사이로 이동한다. 어린 안나와 엘사가 처음으로 올라프를 만들고 있다.

**어린 안나** 사랑해, 올라프!

청소년 안나가 자전거 안장에 올라서서 옆으로 지나간다. 성인 안나와 엘사가 스케이트를 타며 지나가는데, 엘사가 안나의 손을 잡고 있다.

**엘사** 힘내. 넌 할 수 있어.

엘사가 '렛잇고'를 부르며 뽐내며 걷는다—

**엘사** 내가 당당하게 여기 서 있네!

엘사가 그 당시의 자기 모습을 보며 민망해한다. 그녀가 빠르게 지나간다. 위즐톤이 춤을 추며 지나간다.

**위즐톤** 호호오! 원숭이 얼굴을 가진 닭처럼, 난 날아가네.

엘사가 한스와 안나의 첫 만남을 본다.

**안나** 길을 제대로 보지 않고 걷고 있었어요. 하지만 괜찮아요. 정말로.

**한스** 서던 제도의 한스 왕자라고 합니다.

엘사가 마법으로 한스의 기억을 산산조각 내고 계속 걷는다. 그녀가 서로 포옹하고 있는 부모님의 성인 모습을 지나가다가, 그들을 자세히 보려고 잠시 멈춘다.

**아그나르** 사랑해요.

---

for the first time 처음으로
adolescent 청소년, 사춘기의
adult 성인, 어른
by the hand(s) 손을 잡고
strut 활보하다, 뽐내며 자랑해 보이다
in the light of day 솔직하게, 꾸밈없이
cringe (겁이 나서) 움찔하다, 민망하다
back then 과거 그때, 그 당시에

interaction 상호작용, 대화, 소통
isle (특히 시나 이름에서) 섬 (= island)
embrace 안다, 포옹하다
pause (말, 일하다가) 잠시 멈추다

| | | |
|---|---|---|
| **IDUNA** | I need to tell you about my past. And where I'm from. | 이두나 제 과거에 대해서 얘기하고 싶어요. 내가 어디서 왔는지도. |
| **AGNARR** | I'm listening. | 아그나르 듣고 있어요. |

Elsa sees her parents young. Iduna drops from a tree, **hanging by her knees.** Agnarr sits studying a book. He laughs.

엘사가 부모님의 어린 모습을 본다. 이두나가 나무에 매달린 채 밑으로 내려온다. 아그나르가 책을 열심히 읽으며 앉아있다. 그가 웃는다.

| | | |
|---|---|---|
| **YOUNG AGNARR** | Iduna. | 어린 아그나르 이두나. |
| **YOUNG IDUNA** | What are you reading, your Majesty? | 어린 이두나 뭘 읽고 계시나요, 폐하? |
| **YOUNG AGNARR** | Some new **Danish author.** | 어린 아그나르 새로운 덴마크 작가 책이야. |

She sees suddenly above her, the wind carrying Young Iduna and Agnarr and placing them onto an Arendellian cart. Young Iduna sees someone coming, and puts an Arendellian **cloak** around herself, hiding. The cart **trundles** off. Then, **all of a sudden**, behind her she hears—

엘사가 갑자기 바람이 어린 이두나와 아그나르를 데리고 가서 아렌델의 마차에 싣는 모습을 본다. 이두나가 누군가 다가오는 것을 보고 아렌델의 망토로 자신을 덮고 숨는다. 마차가 굴러간다. 그러고는, 갑자기, 그녀의 뒤에서 그녀가 듣는다—

**바로 이장면!**

| | | |
|---|---|---|
| **GUARD** | King Runeard, I'm sorry, I don't understand. | 경호원 루나드 왕, 죄송하지만, 전 이해되지 않군요. |

She turns. Sees an ice **representation** of King Runeard walking by with A GUARD at his side.

그녀가 돌아선다. 얼음으로 묘사된 루나드 왕이 그의 곁에 경호원을 데리고 함께 걷는 모습을 본다.

| | | |
|---|---|---|
| **ELSA** | Grandfather— | 엘사 할아버지— |
| **KING RUNEARD** | We bring Arendelle's full guard. | 루나드 왕 아렌델의 모든 경비 전력을 데려올 걸세. |
| **GUARD** | But they have given us no reason not to trust them. | 경호원 하지만 그들을 믿지 못할 이유가 전혀 없습니다. |

Elsa steps up in front of her grandfather.

엘사가 그녀의 할아버지 앞으로 다가선다.

---

hang by ~으로 매달다/매달리다
Danish 덴마크(인)의, 덴마크어
author 저자, 작가
cloak 망토
trundle (시끄러운 소리를 내며) 굴러가다
all of a sudden 갑자기
representation 묘사/표현, 나타낸 것

**KING RUNEARD** The Northuldra follow magic, which means we can never trust them.

It's like he's saying it to her. It **stings**.

**ELSA** Grandfather?

**KING RUNEARD** Magic makes people feel too powerful, too **entitled**, it makes them think they can **defy** the **will** of a King.

Elsa looks back at her grandfather, strong, angry.

**ELSA** That is not what magic does. That's just your fear. Fear is what can't be trusted.

루나드 왕 노덜드라는 마법을 믿네. 그 말은 우리가 그들을 절대 믿을 수 없다는 뜻이지

마치 그가 엘사에게 말하는 것만 같다. 마음이 괴롭다.

엘사 할아버지?

루나드 왕 마법은 사람들을 자신이 너무 강하다고 느끼게 하고, 권리가 많다고 느끼게 하고, 결국 그것은 그들에게 왕의 뜻을 거역해도 좋다고 생각하게 만들지.

엘사가 할아버지를 강렬하고 화난 눈빛으로 돌아본다.

엘사 마법은 그렇게 하지 않아요. 그건 당신의 두려움일 뿐이에요. 믿을 수 없는 건 두려움이죠.

King Runeard and the soldier walk on, as if they don't want to listen to her, right through the glacier wall. Determined to follow them, Elsa uses her powers to cut a hole in the ice wall. In the distance she starts to hear her mother's lullaby. She steps into a dark, **narrow passageway** that **slopes down**. She walks down it, a little **unsure**. As her hand rubs against the wall, memories **come alive** along the wall—

She follows Runeard and the soldier deeper down the tunnel. On the wall up ahead, she sees the mighty dam and Northuldra gathering **from far and wide**, all disappearing down a **steep drop** at the end of the narrow path—

루나드 왕과 군인이 마치 엘사의 말이 듣기 싫기라도 한 듯, 빙하 벽을 관통하며 계속 걷는다. 그들을 따르기로 한 엘사가 얼음벽에 구멍을 뚫으려고 마법을 쓴다. 저 멀리서 어머니의 자장가 소리가 들려오기 시작한다. 그녀가 내리막이 있는 어둡고 좁은 통로로 들어선다. 그녀가 조금은 확신 없이 그 길을 내려간다. 그녀의 손이 벽을 문지르자 기억들이 벽을 따라 되살아난다.

그녀가 루나드와 그 군인을 따라 터널의 더 깊은 곳으로 들어간다. 앞쪽의 벽에서 그녀는 장엄한 댐과 사방에서 몰려드는 노덜드라 인들의 모습을 보는데, 그들이 좁은 길 끝에 있는 가파른 경사 아래로 모두 사라진다—

**KING RUNEARD** You see, the dam will **weaken** their lands, so they'll have to **turn to me**.

**IDUNA** (V.O.) DIVE DOWN DEEP INTO HER SOUND
BUT NOT TOO FAR OR YOU'LL BE DROWNED

루나드 왕 그런데 말이지, 저 댐이 그들의 땅을 약하게 만들 테니, 그들은 나에게 의지할 수밖에 없을 걸세.

이두나 (목소리) 그녀의 소리 속으로 깊이 뛰어들어라
하지만 너무 멀리까지 가면 안 돼 잘못하면 물에 빠져 죽을 거야

---

sting 쏘다, 찌르다, 기분 상하게 하다

entitle 자격/권리를 주다

defy 반항/저항/거역하다

will 의지, 뜻

narrow 좁은

passageway 복도, 연결통로

slope down 내리막이 되다

unsure 확신하지 못하는, 의심스러워하는

come alive 활기를 띠다, 살아나다

from far and wide 사방으로

steep 가파른, 비탈진

drop (공중) 투하, 하락, 감소, 낙하

weaken 약화시키다

turn to somebody (도움을 위해) ~에 의지하다

Elsa stops short on a **precipice overlooking** a deep hole. She hears from the darkness below–

<u>KING RUNEARD</u> (O.S.) They will come **in celebration**, and then we will know their size and strength.

Elsa looks back up the way she came, knowing how deep she has traveled now. Should she go deeper?

<u>KING RUNEARD</u> (O.S.) (from down below) As you have welcomed us, we welcome you. Our neighbors. Our friends.

She makes the choice and jumps, down, down, down.
DEEP IN THE GLACIER: Elsa lands in a forest made of ice. It's **uninviting**. Something is not right. It's so cold, she actually **shivers** for the first time in her life. Elsa spots an ice memory of grandfather and the Northuldra leader. Sees them arguing.

<u>NORTHULDRA LEADER</u> King Runeard, the dam isn't strengthening our waters. It's hurting the forest. It's **cutting off** the north!

<u>KING RUNEARD</u> Let's not discuss this here. Let's meet on the fjord. Have tea. Find a solution.

The memory freezes. Elsa looks around for more memories. Her hands and hair are starting to freeze. She keeps going, so close to the answers about the past that she **seeks**. Up ahead she sees the NORTHULDRA LEADER kneeling down. All of a sudden, a snowy ghost of her grandfather passes through her, heading for the Northuldra leader. She sees something that **horrifies** her. She **reaches out** —

엘사가 깊은 구멍을 내려다보는 벼랑 위에서 갑자기 멈춘다. 그녀가 아래의 암흑 속에서 들리는 소리를 듣는다–

루나드 왕 (화면 밖) 그들이 축하하러 올 걸세. 그러면 우리는 그들의 규모와 힘을 알게 될 거야.

엘사가 자신이 이제 너무 깊은 곳까지 들어온 것을 알고 그녀가 들어왔던 길을 다시 올려다본다. 더 깊이 들어가야 할까?

루나드 왕 (화면 밖) (아래에서) 당신들이 우리를 환영한 것처럼, 우리도 당신들을 환영하오. 우리의 이웃들이여. 우리의 친구들이여.

그녀가 선택하고 뛰어내린다. 더 아래로, 아래로, 아래로.
빙하 깊은 곳: 엘사가 얼음으로 만든 숲에 착지한다. 유쾌하지 않은 곳이다. 뭔가 느낌이 이상하다. 너무 춥다. 그녀는 태어나서 처음으로 추위에 몸을 떤다. 엘사가 할아버지와 노덜드라 족장의 얼음 기억을 발견한다. 그들이 다투는 것을 본다.

노덜드라 족장 루나드 왕, 저 댐은 우리의 강을 더 좋게 만들고 있지 않습니다. 숲을 해치고 있어요. 북쪽 지역을 차단시키고 있다고요!

루나드 왕 이 얘기는 여기서 하지 않는 게 좋겠소. 피오르에서 만나도록 하죠. 차나 한잔하며 해결책을 찾아봅시다.

기억이 얼어붙는다. 엘사가 더 많은 기억들을 찾아 주변을 둘러본다. 그녀의 양손과 머리가 얼기 시작한다. 그녀는 계속 들어가고, 그녀가 찾던 과거에 대한 답에 거의 다 이르렀다. 저 앞쪽으로 노덜드라 족장이 무릎을 꿇는 모습이 보인다. 갑자기, 그녀 할아버지의 눈에 덮인 유령 같은 형체가 그녀를 뚫고 지나가며 노덜드라 족장을 향해 간다. 그녀가 소름 끼치는 장면을 목격한다. 그녀가 손을 뻗는다–

---

precipice 벼랑, 낭떠러지
overlooking 바라보는, 내려다보는
in celebration ~을 축하하기/기념하기 위하여
uninviting 마음을 끌지 못하는, 매력 없는
shiver (추위, 흥분 등으로 가볍게) 몸을 떨다
cut something off ~을 가로막다, 차단하다
seek (필요한 것을 얻으려고) 구하다, 추구하다
horrify 끔찍하게/소름 끼치게 만들다

reach out (손, 팔 등을) 뻗다

<u>**ELSA**</u>     No.

But she can't move. The ice **closes in** all around her, moves up her body. She panics. She tries to **break free** from the ice. As the ice gets near her face, she realizes she's gone too far. She lets out a desperate cry.

<u>**ELSA**</u>     Anna...

She throws magic up. It **slices through** the ice, as Elsa **freezes solid**.

엘사   안 돼요.

하지만 그녀는 움직일 수가 없다. 얼음이 그녀를 사방에서 압박하며 그녀의 몸을 타고 올라온다. 그녀가 공황 상태에 빠진다. 그녀가 얼음에서 벗어나려고 애쓴다.

엘사   안나…

그녀가 마법을 위로 발사한다. 그 마법이 얼음을 가르고, 엘사는 꽁꽁 얼어붙는다.

---

close in (공격하기 위해) 접근하다, 다가오다
break free 떨치다, 떨쳐 풀다, 도망치다
slice through ~을 가르다
freeze solid 꽁꽁 얼다

# The Truth About the Past
과거에 대한 진실

🎧 25.mp3

INT. LOST CAVERNS – NIGHT
Anna and Olaf reach a **fork** in the path and **judge** which way to go.

내부. 잃어버린 동굴 – 밤
안나와 올라프가 길의 분기점에 이르러 어느 방향으로 갈지 결정한다.

**OLAF**　Which lucky tunnel do we choose?

**올라프**　어떤 행운의 통로를 선택할까?

Suddenly a strong blast comes rolling down the left tunnel. Anna and Olaf turn towards the wind and see a sculpture forming right before their eyes. As it forms, they hear—

갑자기 한 줄기의 세찬 바람이 왼쪽 통로에서 날아들어 온다. 안나와 올라프가 바람 쪽으로 몸을 돌리니 그들의 눈 바로 앞에서 조각상 하나가 형성되고 있다. 그동안 그들이 듣는다—

**KING RUNEARD**　(O.S.) You see, the dam will weaken their lands, so they'll have to **turn to me.**

**루나드 왕**　(화면 밖) 그런데 말이지, 저 댐이 그들의 땅을 약하게 만들 테니, 그들은 나에게 의지할 수밖에 없을 걸세

**NORTHULDRA LEADER**　(O.S.) King Runeard. The dam is hurting the forest!

**노덜드라 족장**　(화면 밖) 루나드 왕. 댐이 숲을 해치고 있어요!

Anna gasps as she sees the sculpture. She approaches it, cautiously.

안나가 조각상을 보며 헉 하고 놀란다. 그녀가 조심스럽게 다가간다.

바로 이장면!*

**ANNA**　Elsa's found it.

**안나**　엘사가 찾았어.

**OLAF**　What is it?

**올라프**　뭘 말이야?

**ANNA**　**The truth about the past.❶**

**안나**　과거에 대한 진실.

Anna slowly walks around it, examining every **detail**.
REVEAL: the sculpture shows King Runeard, his sword raised over The Northuldra Leader whose back is turned as he raises a glass to his lips.

안나가 모든 세세한 부분까지 살피며, 천천히 조각상 주변을 돌며 걷는다.
드러난다: 자신의 입술로 잔을 가져가며 등 돌리고 있는 노덜드라 족장 위로 검을 들고 서 있는 루나드 왕의 모습이다.

---

fork (도로, 강 등의) 분기점/갈래, 포크
judge 판단하다
turn to somebody/something ~에 의지하다
detail 세부 사항

❶ **The truth about the past.**
과거에 대한 진실.
매우 간결하지만 이 표현이 가진 강력함 덕분에 책/영화 제목, 글의 제목으로도 상당히 많이 쓰인답니다. 예를 들면, the truth about him '그에 대한 진실', the truth about the case '그 사건의 진상', the truth about diamonds '다이아몬드에 대한 진실' 등 다양하죠.

| | | |
|---|---|---|
| **ANNA** | That's my grandfather, **attacking** the Northuldra leader, who wields no weapon. The dam wasn't a gift of peace. It was a trick. | **안나** 저건 우리 할아버지야. 무기를 들고 있지 않은 노덜드라 족장을 공격하고 있어. 댐은 평화의 선물이 아니었어. 그건 속임수였어. |
| OLAF | But that **goes against everything** Arendelle **stands for.** | **올라프** 하지만 그건 아렌델의 가치관에 완전히 어긋나는 거잖아. |
| **ANNA** | It does, doesn't it? | **안나** 그렇지, 안 그러니? |
| Anna hangs her head upset. | | 안나가 속상해하며 고개를 떨군다. |
| **ANNA** | I know how to free the forest. I know what we have to do to **set things right.** | **안나** 어떻게 하면 숲을 해방시킬 수 있을지 알겠어. 잘못된 일을 바로잡기 위해 우리가 무엇을 해야 할지 알겠어. |
| OLAF | Why do you say that so sadly? | **올라프** 그런데 그 말을 왜 그렇게 슬프게 하는 거니? |
| **ANNA** | We have to break the dam. | **안나** 댐을 부숴야 해. |
| OLAF | But Arendelle will be **flooded.** | **올라프** 그러면 아렌델이 홍수에 잠길 텐데. |
| **ANNA** | That's why everyone **was forced out**. To protect them from what has to be done. | **안나** 그래서 모두가 다 쫓겨났던 거야. 꼭 해야만 할 일로부터 그들을 보호하기 위해서. |

| | | |
|---|---|---|
| OLAF | Oh. Oh. Are you okay? | **올라프** 오, 오, 괜찮니? |
| **ANNA** | I could really use a bright side, Olaf. | **안나** 긍정적인 얘기해 주면 좀 도움이 될 것 같네, 올라프. |
| OLAF | Bright side? Turtles can breathe through their **butts**? | **올라프** 긍정적인 이야기? 거북이들은 엉덩이로 숨을 쉴 수 있다던데? |
| Anna looks at him, completely confused. | | 안나가 전혀 이해가 안 된다는 표정으로 그를 쳐다본다. |
| OLAF | And... I see a way out. | **올라프** 그리고… 출구가 보인다. |
| **ANNA** | I knew I **could count on you.** | **안나** 난 너를 믿으면 될 줄 알고 있었다니까. |

---

attack 공격, 폭행하다

go against something ~에 위배되다/맞지 않다

stand for ~을 상징/의미하다, 찬성하다

set something right 바로잡다, 고치다

flooded 물에 잠긴, 침수된

be동사 + forced out 추방당하다, 내몰리다

butt 〈비격식〉 엉덩이

count on somebody/something ~을 믿다/기대하다, ~에 의지하다

Olaf lights up at those words. But then as Anna turns from him, he **stumbles** back, touches his **forehead**.

올라프가 그 말을 듣고 표정이 밝아진다. 하지만 안나가 그에게서 돌아서자, 그가 이마를 만지며 휘청거린다.

ANNA    Come on, Olaf. Elsa's **probably on her way** back right now. We can meet her and—

안나    어서, 올라프. 아마 엘사가 지금 돌아오고 있을 거야. 그녀를 만나서—

And then Anna notices snow beginning to **flurry** off of Olaf. Something is very wrong.

그러자 안나가 올라프에게서 눈송이가 떨어져 나가며 날리는 것을 본다. 뭔가 상당히 잘못되었다.

ANNA    Olaf…?

안나    올라프…?

OLAF    (seeing the **flakes**) What's this…?

올라프    (눈송이를 보며) 이게 뭐지…?

ANNA    Are you okay?

안나    너 괜찮니?

OLAF    I'm flurrying?

올라프    내가 눈보라로 날리고 있는 거야?

More of his snow **blows off** of his body, floats into the sky. He flurries more.

그의 몸에서 눈이 더 날리며 공중으로 날아간다. 그가 더 눈보라가 되어 날아간다.

OLAF    Wait, no, that's not it. I'm flurrying away. The magic in me is **fading**.

올라프    잠깐, 아냐. 그게 아냐. 내가 눈보라로 사라지고 있는 거야. 내 안의 마법이 점점 약해지고 있는 거라고.

ANNA    (panicked) What?

안나    (당황해서) 뭐라고?

OLAF    I don't think Elsa's okay.

올라프    아무래도 엘사가 괜찮은 것 같지 않네.

ANNA    (gasps)

안나    (헉 놀란다)

OLAF    I think she may have gone too far.

올라프    그녀가 너무 멀리까지 간 것 같아.

ANNA    No… No.

안나    안 돼… 안 돼.

OLAF    Anna, I'm sorry, you're gonna have to do this next part **on your own**. Okay?

올라프    안나, 미안해. 다음 부분은 이제 너 혼자서 해야 할 것 같아. 알았지?

Anna pulls him close.

안나가 그를 끌어안는다.

---

stumble 발이 걸리다. 비틀/휘청거리다
forehead 이마
probably 아마도
on one's way back (원래 있던 곳으로) 돌아오고 있는
flurry 소나기/눈보라, 일진광풍, (눈이) 세차게 내리다
flake 조각
blow off 날리다, 분출
fade 바래다, 희미해지다

on one's own 혼자, 혼자 힘으로

**ANNA**     Wait, come here, **I've got you.**❶

**OLAF**     Oh, that's good. Hey, Anna? I just **thought of** one thing that's **permanent**.

**ANNA**     What's that?

**OLAF**     Love.

She **holds him tighter**.

**ANNA**     Warm hugs?

Anna hugs Olaf close.

**OLAF**     I like warm hugs.

Olaf's eyes closed. As snowflakes fill the frame, Anna **chokes back** a **sob**, not wanting to accept this.

**ANNA**     I love you.

We follow the snowflakes **drifting** into the sky.

**안나**  잠깐, 이리 와, 내가 받쳐줄게.

**올라프**  오, 편하네. 안나, 있잖아? 지금 방금 영원한 게 하나 떠올랐어.

**안나**  그게 뭔데?

**올라프**  사랑.

그녀가 그를 꽉 잡는다.

**안나**  따뜻한 포옹?

안나가 올라프를 꼭 껴안는다.

**올라프**  난 따뜻한 포옹이 좋아.

올라프의 눈이 감긴다. 눈송이들이 화면을 가득 채우면서 안나가 이 상황을 받아들이고 싶어 하지 않은 듯 눈물을 억지로 삼킨다.

**안나**  사랑해.

눈송이들이 하늘 위로 떠다니는 모습이 보인다.

---

think of something ~을 생각하다/떠올리다
permanent 영구적인, 영속적인, 불변하는
hold ~ tight 꽉 잡다
choke back (복받쳐 오르는 감정을) 억누르다
sob 흐느낌, 흐느껴 울기
drift (물, 공기에) 떠나다, 표류하다

❶ **I've got you.**
널 받쳐줄게.
이 문장은 구어체로 많이 쓰여서, 주로 have를 빼고 간단하게 I got you.라고만 말하는 경우가 많아요. '(네가 하는 말) 이해했어', '무슨 말인지 알겠어'와 같은 의미로도 자주 쓰이고, 위에서처럼 '내가 널 받칠게/지지할게/도와줄게'와 같은 의미로도 많이 쓰인답니다.

# Do the Next Right Thing

그다음 옳은 일을 해야 해

🎧 26.mp3

## EXT. LOST CAVERNS – NIGHT
Outside the cave, Olaf's snowflakes drift into the sky. Bruni rushes up onto a rock in the **foreground**, looking worried. Gale comes sweeping by and **gathers** the snowflakes. Bruni curls up, watching, sad.

외부, 잃어버린 동굴 – 밤
동굴 밖에서 올라프의 눈송이들이 하늘 위로 떠간다. 브루니가 걱정된 표정을 하고 전경에 있는 바위 위로 재빨리 오른다. 게일이 불어와서 눈송이들을 모은다. 브루니가 몸을 웅크리며 슬픈 표정으로 바라본다.

## EXT. FOREST WATERFALL – A SHORT TIME LATER
Gale sweeps behind a waterfall and piles up Olaf's flakes gently, then surrounds the pile with flowers.

외부, 숲의 폭포 – 잠시 후
게일이 폭포 뒤에서 불며 올라프의 눈송이들을 부드럽게 쌓아 올려 그 더미를 꽃잎들이 둘러싼다.

## EXT. LOST CAVERN – **PREDAWN**
The sun has not yet crested, but the sky is a **pale gray**. All is **still**.

외부, 잃어버린 동굴 – 동트기 전
아직 해가 뜨지는 않았지만, 하늘이 엷은 회색빛이다. 세상이 고요하다.

## INT. LOST CAVERNS – PREDAWN
**Anna, hopeless, hasn't moved in a long time.❶** A breeze makes her **shudder**. She looks around. How long has she been there?

내부, 잃어버린 동굴 – 동트기 전
절망에 빠진 안나는 한동안 미동하지 않고 있다. 산들바람이 그녀를 몸서리치게 만든다. 그녀가 주변을 돌아본다. 도대체 얼마나 오래 거기에 있었던 걸까?

**ANNA** Olaf, Elsa? What do I do now?

**안나** 올라프, 엘사? 이제 난 어떻게 해야 하지?

---

바로 이장면!*

DO THE NEXT RIGHT THING

그다음으로 옳은 일을 해라

**ANNA** I'VE SEEN DARK BEFORE
BUT NOT LIKE THIS
THIS IS COLD
THIS IS EMPTY
THIS IS **NUMB**
THE LIFE I KNEW IS OVER
THE LIGHTS ARE OUT
HELLO DARKNESS, I'M READY TO **SUCCUMB**

**안나** 난 전에 어둠을 본 적이 있지
하지만 이런 식은 아니었어
추워
공허해
감각이 없어
내가 알던 삶은 끝났어
불빛이 사라졌어
어둠아 안녕. 난 이제 굴복할 준비되었어

---

foreground (그림) 전경, 눈에 잘 띄는 위치
gather 모으다, 모이다
predawn 동트기 전
pale gray 엷은 회색
still 고요한, 정지한
shudder (공포, 추위 등으로) 몸을 떨다
numb 감각이 없는, 멍한, 망연자실한
succumb 굴복하다, 무릎을 꿇다

❶ **Anna hasn't moved in a long time.**
안나는 상당히 오랫동안 움직이지 않았다.
〈haven't + 과거분사 + in + 시간〉은 '~을 한 지 오래되었다', '~동안 ~을 하지 못했다'라는 의미로 쓰이는 패턴 표현이에요. '~동안'을 나타내는 전치사가 for로 쓰여야 맞을 것 같지만, 부정문에서는 for 대신 in을 쓰는 경우가 더 많답니다. 특히 구어체에서는 더욱 그렇고요.

I **FOLLOW YOU AROUND**
I ALWAYS HAVE
BUT YOU'VE GONE TO A PLACE I CANNOT FIND
THIS **GRIEF** HAS A **GRAVITY**
IT PULLS ME DOWN
BUT A TINY VOICE
WHISPERS IN MY MIND
YOU ARE LOST
HOPE IS GONE
BUT YOU MUST GO ON
AND DO THE NEXT RIGHT THING

난 늘 언니를 따라다니지
예전부터 늘 그래왔어
하지만 언니는 내가 찾을 수 없는 곳으로 사라졌어
이 슬픔엔 중력이 있어
나를 끌어내리네
하지만 작은 목소리가
내 귀에 속삭여
너는 길을 잃었다고
희망은 사라졌다고
하지만 포기하지 않고 앞으로 가야 하네
그리고 다음으로 옳은 일을 해야 하지

Anna **clutches** her **satchel**. She tries to lift herself off the ground but can't find the **strength**.

안나가 그녀의 가방을 꽉 움켜쥔다. 그녀가 땅을 짚고 일어나려하지만 그럴 기운이 없다.

CAN THERE BE A DAY
BEYOND THIS NIGHT?
I DON'T KNOW ANYMORE WHAT IS TRUE
I CAN'T FIND MY DIRECTION
I'M **ALL ALONE**
THE ONLY STAR THAT GUIDED ME WAS YOU

낮이 올 수가 있을까
이 밤이 지나고?
이젠 더 이상 무엇이 진실인지 모르겠네
나의 갈 곳을 찾을 수가 없어
이제 난 완전히 혼자야
나를 인도해 주던 유일한 별이 언니였는데

Anna **manages to** stand, her legs **unstable**. She **leans against the cave wall**.

안나가 가까스로 일어났는데 다리가 후들거린다. 그녀가 동굴 벽에 기댄다.

HOW TO RISE
FROM THE FLOOR
WHEN IT'S NOT YOU I'M RISING FOR?
JUST DO THE NEXT RIGHT THING
**TAKE A STEP**
STEP AGAIN
IT IS ALL THAT I CAN
TO DO THE NEXT RIGHT THING

어떻게 일어설지
바닥에서
내가 일어나는 이유가 언니가 아닐 때는?
그냥 다음으로 옳은 일을 하는 거야
한 걸음을 딛고
또 한 걸음
이게 내가 할 수 있는 전부야
바로 다음으로 옳은 일을 하는 것이

She starts to climb her way out of the pit.

그녀가 동굴을 오르며 밖으로 나가기 시작한다.

---

follow someone around ~를 내내 졸졸 따라다니다

grief 큰 슬픔, (죽음으로 인한) 비탄/비통

gravity 중력

clutch (와락) 움켜잡다

satchel (아이들이 어깨에 메는) 책가방

strength 힘, 기운

all alone (완전히) 홀로, 혼자서, 남의 도움 없이

manage to 간신히 ~하다/해내다

unstable 불안정한, 쓰러질듯한

lean against the wall 벽에 기대다

take a step 발을 딛다, (앞으로) 나아가다

I WON'T LOOK TOO FAR AHEAD
IT'S TOO MUCH FOR ME TO TAKE
BUT **BREAK IT DOWN** TO THIS NEXT BREATH
THIS NEXT STEP
THIS NEXT CHOICE
IS ONE THAT I CAN MAKE

너무 멀리 앞을 보지는 않을 거야
그건 내게 너무 벅찬 일이니까
한 번 숨 쉴 때마다 나눠서 하는 거야
그다음 발걸음
그다음 선택
그게 내가 할 수 있는 거니까

She leaps from a cliff side into the fog. She lands hard. **Fog blocks her vision**, yet Anna continues to **trek** forward.

그녀가 절벽에서 안개 속으로 뛰어내린다. 쿵 하고 바닥으로 떨어진다. 안개가 그녀의 시야를 가리지만 그녀는 계속 앞으로 걸어간다.

SO I'LL WALK
THROUGH THIS NIGHT
STUMBLING **BLINDLY** TOWARD THE LIGHT
AND DO THE NEXT RIGHT THING

그래서 나는 걸을 거야
이 밤을 뚫고
빛을 향해 앞이 안 보여 발을 헛디딜지라도
그리고 그다음으로 옳은 일을 하는 거야

She **emerges** from the pit on a **grassy** cliff side **overlooking** the forest.

그녀가 동굴에서 나와 숲이 내려다보이는 풀로 덮인 절벽 위로 모습을 드러낸다.

AND WITH THE DAWN
WHAT COMES THEN?
WHEN IT'S CLEAR THAT
EVERYTHING WILL NEVER BE THE SAME AGAIN?
THEN I'LL MAKE THE CHOICE
TO HEAR THAT VOICE
AND DO THE NEXT RIGHT THING

그리고 새벽이 오면
그땐 어떻게 되는 거지?
명확해지면
다시는 그 무엇도 예전과 같지 않을 거라는 사실이?
그러면 난 선택을 하리라
그 목소리를 듣는
그리고 그다음 옳은 일을 할 거야

---

break something down ~을 나누다/분류하다

fog 안개

block one's vision 시야를 가리다

trek (비격식) (힘들게 오래) 걷다/이동하다

blindly 앞이 안 보이는 채, 맹목적으로, 무턱대고

emerge (어둠 속에서) 나오다, 모습을 드러내다

grassy 풀로 덮인

overlooking 바라보는, 내려다보는

# The Dam Must Fall
### 댐이 무너져야만 한다

🎧 27.mp3

REVEAL: Anna is looking out at the dam in the distance. She turns away from the dam, **resigned**, and starts to run.

EXT. **THICK FOREST** – DAY
Anna runs through the trees. She bursts out onto the river's edge, where the giants are asleep again on the shores.

**ANNA** Wake up! Wake up!

A giant groans then begins to stand, clasping its head, **disoriented**. It crashes into its fellow giants, waking them all up, too. Anna's eyes **widen**. Time to run.

**ANNA** That's it. Come and get me. Come on!

A giant slams down a hand on the riverbank as it pulls itself up onto the **mainland**, raising itself to its full height. Its siblings follow behind. Rubbing the sleep from their eyes, they let out a bone-**rattling** roar. Anna is **sprinting** through the woods as the roar blows her off her feet.

**ANNA** Over here— ahh!

The giants chase.

**ANNA** That's right! Keep coming! Keep coming!

She ducks in and out of trees. A giant throws a boulder that **nearly misses** Anna. She looks at the boulder, realizes—

**ANNA** That'll work.❶

드러난다: 안나가 멀리서 댐을 바라본다. 그녀가 체념한 듯 댐의 반대 방향으로 몸을 돌려 달리기 시작한다.

외부. 울창한 숲 – 낮
안나가 나무들 사이로 달린다. 그녀가 거인들이 다시 잠들어 있는 강가로 뛰어나온다.

**안나** 일어나! 일어나라고!

거인 하나가 짜증을 내며 갈팡질팡하며 머리를 잡고 일어서기 시작한다. 그것이 동료 거인들에게 쾅 부딪히며 모든 거인들을 다 깨우고 만다. 안나의 눈이 휘둥그레졌다. 뛸 타이밍이다.

**안나** 바로 그거야. 와서 나를 잡아봐. 어서!

거인 하나가 똑바로 일어서서 육지로 올라서면서 강둑을 손으로 쾅 내려친다. 그것의 형제들이 뒤따른다. 졸린 눈을 비비며 그들이 뼈가 달그락거릴 정도로 큰 소리로 포효한다. 안나가 나무 숲속을 질주하다가 그 포효로 인해 날아가 버린다.

**안나** 이쪽으로— 아야!

거인들이 쫓아온다.

**안나** 그렇지! 계속 오라고! 계속 와!

그녀가 나무들 사이로 숨어 들어갔다 나왔다 한다. 거인이 바위를 던져서 안나를 거의 맞출 뻔한다. 그녀가 바위를 보며 깨닫는다—

**안나** 저걸 이용하면 되겠다.

---

resigned (힘든 일을) 받아들이는, 체념한
thick forest 울창한 숲
disoriented 혼란에 빠진, 방향감각을 잃은
widen 넓어지다, 커지다, 확대되다
mainland (섬 등을 제외한 영토) 본토
rattle 달가닥거리다
sprint (짧은 거리를) 전력 질주하다
nearly miss 거의 맞출 뻔하다

❶ **That'll work.**
그렇게 하면 되겠네.
work의 많은 정의 중에서 '(원하는) 효과가 나다/있다'라는 의미로 쓰인 표현이에요. 어떤 상황에 대해서 '그렇게 하면 효과가 있겠다', '그렇게 하면 문제없이 잘될 것 같다'라는 뜻으로 유용하게 자주 쓰인답니다.

Anna continues to run.

**ANNA**     This way, guys!

EXT. ANOTHER PART OF THE WOOD – DAY
Kristoff rides Sven, searching the woods. Suddenly he hears great booms. He and Sven startle as the giants **lumber** by.

EXT. HIGH **RIDGE**
MATTIAS and his men look down to see small Anna leading the giants.

**MATTIAS**  What?

He looks and sees where she's leading them.

**MATTIAS**  No, no, no, no. She's leading them to the dam!

He and his soldiers take off running. BACK WITH ANNA: As a GIANT'S foot is about to crush her, she cries out, **nowhere to go**. She tries to **crawl** away, just as– Kristoff and Sven **scoop** her **up**. She opens her eyes and sees her hero.

**ANNA**     Kristoff...

**KRISTOFF** I'm here. What do you need?

**ANNA**     To get to the dam!

**KRISTOFF** **You got it.**❶

**ANNA**     Thank you.

They run under a canopy of trees, disappearing from sight for a moment, buying them some time to get ahead of the giants. The GIANTS look around— where did she go?

안나가 계속 달린다.

**안나** 이쪽으로, 이봐!

외부. 숲의 다른 지역 – 낮
크리스토프가 스벤을 타고 숲을 탐색하고 다닌다. 갑자기 그가 엄청난 굉음을 듣는다. 거인들이 그들 옆으로 쿵쿵 굉음을 내며 지나가자 그와 스벤이 깜짝 놀란다.

외부. 높은 산마루
매티어스와 그의 병사들이 작은 모습의 안나가 거인들을 이끌고 오는 모습을 내려다본다.

**매티어스** 뭐지?

그녀가 그들을 어디로 이끄는지 그가 알아본다.

**매티어스** 안 돼, 안 돼, 안 돼, 안 돼. 그녀가 그들을 댐으로 이끌고 있어!

그와 그의 병사들이 달려간다. 다시 안나의 모습: 거인의 발이 그녀를 짓뭉개려고 하는 순간, 그녀가 비명을 지른다. 빠져나갈 구멍이 없다. 그녀가 기어서 도망가려고 하는데, 바로 그때– 크리스토프와 스벤이 그녀를 잡아 올린다. 그녀가 눈을 떠 자신을 구해준 영웅을 본다.

**안나** 크리스토프…

**크리스토프** 나 여기 있어. 뭘 해야 하지?

**안나** 댐으로 가야 해!

**크리스토프** 알았어.

**안나** 고마워.

그들이 우거진 나무들의 지붕 아래로 달려 잠시 시야에서 사라지며 거인들을 앞질러 갈 수 있게끔 시간을 번다. 거인들이 주변을 둘러본다– 그녀가 어디로 간 거지?

---

lumber (육중한 덩치로) 느릿느릿 움직이다. 쿵쿵 걷다

ridge 산등성이, 산마루

nowhere to go 아무 데도 갈 곳이 없는, 궁지에 몰린

crawl (엎드려) 기다. 기어가다

scoop up 퍼 담다. 퍼 올리다

❶ **You got it!**
바로 그렇게 할게!
상대방이 한 말/요청에 대해서 긍정적으로 곧바로 그렇게 하겠다고 대답할 때 쓰는 구어체적 표현이에요. '알았다', '좋아', '그렇게 할게'와 같은 뜻으로 번역하면 자연스러울 거예요.

EXT. FJORD
Anna, Kristoff, and Sven gallop up the **slope** toward the cracking dam. Reaching a **berm** Sven cannot cross, Anna shouts to Kristoff.

**ANNA**　Help me up!

Kristoff and Sven help Anna into the air and onto the cliff.

**KRISTOFF** We'll meet you around.

EXT. EDGE OF CLIFF
The giants have **fallen behind a bit**, searching **beneath** the tree canopy for Anna. Anna **crests** the top of the hill and stops, stunned to find herself **face to face** with— Mattias and his soldiers on guard.

외부, 피오르
안나, 크리스토프, 그리고 스벤이 금이 가고 있는 댐으로 오르는 경사로를 질주하는. 스벤이 건널 수 없는 둔덕에 이르자 안나가 크리스토프에게 외친다.

**안나** 날 올려줘!

크리스토프와 스벤이 안나가 절벽 위로 올라가도록 돕는다.

**크리스토프** 건너편에서 만나자.

외부, 절벽의 가장자리
거인들이 나무 지붕 밑에서 안나를 찾으려다가 약간 뒤로 처졌다. 안나가 언덕 꼭대기에 올라가서 멈추다가 누군가를 마주하게 되어 깜짝 놀란다— 매티어스와 그의 병사들이 보초를 서고 있다.

---

*바로 이장면!*

**ANNA**　Lieutenant Mattias.

**MATTIAS**　Your Highness? What are you doing?

**ANNA**　The dam must fall. It's the only way to break the mist and free the forest.

**MATTIAS**　But we have **sworn** to protect Arendelle **at all costs**.

**ANNA**　Arendelle has no future until we **make this right**. King Runeard **betrayed** everyone.

**MATTIAS**　How do you know that?

Mattias **struggles with** what Anna is saying. The thought is so hard.

**ANNA**　My sister gave her life for the truth. Please before we lose anyone else.

**안나** 매티어스 중위님.

**매티어스** 공주님? 여기서 뭐 하시는 겁니까?

**안나** 댐을 무너뜨려야만 해요. 그게 안개를 걷히게 해서 숲을 해방시킬 수 있는 유일한 방법이에요.

**매티어스** 하지만 우린 무슨 일이 있어도 아렌델을 수호하기로 맹세했어요.

**안나** 이 일을 바로잡지 않으면 아렌델의 미래는 없어요. 루나드 왕이 모두를 배신했고요.

**매티어스** 그걸 어떻게 아시죠?

매티어스가 안나가 하는 말로 인해 고심한다. 생각하기가 너무 힘들다.

**안나** 우리 언니는 진실을 위해 목숨을 바쳤어요. 제발 또다시 누군가를 잃게 되기 전에 부탁드려요.

---

slope 경사지, 경사면, (산)비탈
berm (강가의) 둔덕, (도로의) 갓길
fall behind 늦어지다, 뒤떨어지다
a bit 〈구어〉 조금, 다소, 약간
beneath 아래에
crest 〈격식〉 꼭대기/정상에 이르다
face to face 마주 보는, 대면하는
swear 맹세/선서하다 (과거분사: sworn)

at all cost(s) 어떤 희생을 치르더라도, 기어코
make something right (관계나 상황을) 바로잡다
betray 배신하다, 배반하다
struggle with ~으로 고심하다/씨름하다

# A Bridge with Two Sides

양쪽으로 이루어진 다리

🎵 28.mp3

He sees the desperation in her heart, the **weariness**. He makes the decision. He nods and bangs on his shield. His **troop** follows his lead. The Soldiers **fan out** and start **making a racket**, getting the giants attention. Anna heads out onto the dam as a BOULDER FLIES THROUGH THE AIR. Mattias pushes one of his soldiers out of the way of the boulder, saving him.

<u>MATTIAS</u>  **Look out!**❶

The soldiers are separated from Anna. She's the only one who can finish it. Anna races out to the center of the dam.

<u>ANNA</u>  Destroy the dam! Come on! Throw your boulders! That's it!

The giants **lob** their GIANT BOULDERS at Anna. They smash the far side of the dam, forcing Anna to **double back**. Boulders smash behind her and the dam starts to break ahead of her. She races faster, trying to outrun the falling dam. Anna leaps, trying to make it to land, but it's too far. As she falls, MATTIAS' strong hand reaches down and grabs her arm. He almost goes over with her, but manages to **brace himself**. He holds on. Kristoff rushes up. Mattias **reassures** him–

<u>MATTIAS</u>  I've got her.

<u>KRISTOFF</u>  Anna!

<u>MATTIAS</u>  Hang on.

Kristoff helps Mattias pull her up. She melts into Kristoff's embrace. The DAM FULLY BREAKS, WATER RACES DOWN THE FJORDS, shaking the earth.

그가 그녀 마음속의 절박함을 본다. 그 고단함을. 그가 결정을 내린다. 그가 고개를 끄덕이고 방패를 쾅쾅 두드린다. 그의 병사들이 그를 따라 행동한다. 병사들이 펼쳐져 큰 소동을 일으키면서 거인들의 이목을 집중시킨다. 안나가 댐 위로 향해 갈 때 바위가 공중 위로 날아온다. 바위가 날아오는데 매티어스가 한 병사에게 몸을 던져 그를 구한다.

매티어스  조심해!

병사들이 안나와 갈라졌다. 이 일을 끝낼 수 있는 건 그녀뿐이다. 안나가 댐의 중앙으로 질주한다.

안나  댐을 부숴 어서! 바위를 던지라고! 그래 바로 그거야!

거인들이 안나를 향해 거대한 바위들을 던진다. 그들이 댐의 저쪽에 쾅 부딪히며 안나가 오던 길로 되돌아가게 한다. 바위들이 그녀의 뒤에서 세게 부딪히고 댐이 그녀의 앞쪽에서 부서지기 시작한다. 그녀가 무너지는 댐보다 더 앞서가려고 더 빠른 속도로 질주하기 시작한다. 안나가 뛰어내리는데 너무 멀다. 그녀가 떨어질 때 매티어스의 강한 손이 내려와 그녀의 팔을 잡는다. 그가 거의 그녀와 함께 넘어갈 뻔하다가 가까스로 난관을 이겨낸다. 그가 버틴다. 크리스토프가 서둘러 달려온다. 매티어스가 그를 안심시킨다 –

매티어스  내가 잡았어.

크리스토프  안나!

매티어스  꽉 잡아요.

크리스토프가 매티어스를 도와 그녀를 끌어 올리는 것을 돕는다. 그녀가 크리스토프의 품 안에 안긴다. 댐이 완전히 무너지고, 강물이 피오르 밑으로 쏟아져 내리면서 대지를 흔든다.

---

weariness 권태, 피로

troop 병력, 군대, 부대

fan out 펼쳐지다, 퍼지다

make a racket 큰 소동을 벌이다 (racket 소음)

lob (비격식) (공중으로 꽤 높이) 던지다

double back (오던 길로) 되돌아가다

brace oneself 마음/결의 등을 다잡다

reassure 안심시키다

❶ **Look out!**
조심해라!
뭔가 불쑥 앞에 나오거나, 빠른 속도로 달려/날아와서 상대방이 부딪히거나 맞게 될 것 같을 때 '조심해!'라는 뜻으로 외치는 표현이에요. Watch out! Be careful! Heads up! 과 같은 표현들이 비슷한 상황에서 자주 쓰이니 함께 알아두세요.

EXT. ENCHANTED FOREST – DAY
The Earth Giants and Fire Spirit turn to see the sky light up with the colors of the spirits. BEHIND THE WATERFALL, Olaf's snow pile sparkles.

INT. AHTOHALLAN – DAY
Elsa **magically thaws**. The glacier **cracks open**. She falls into the ocean. The Water Spirit spots her.

EXT. FJORD – DAY
The water races down the fjord.

EXT. HIGH CLIFFS ABOVE ARENDELLE – DAY
The Arendellians walk to the **overlook** with the trolls. They watch as the wave races toward the castle.

EXT. ARENDELLE CASTLE – DAY
Just as the waves are about to wash our **beloved** Arendelle away— Elsa, riding the Water Horse, **crest** the top of the wave. They race down the wave and run ahead of it. They turn to face the wave. Elsa throws up her arms and creates a magical **barrier**, so beautiful, and so strong, the wave **is no match for** it. She and the horse then send a deeper wave of magic that calms the waters and lowers the wave. The Arendellians **cheer in relief**. Then, above Elsa, the wind sweeps into Arendelle. The flags fly. Water returns; the waterfalls flow again. The streets stop **rippling**. The lights return to the lanterns.

EXT. NORTHULDRA FOREST
The mist begins to clear. The giants look up happily at the sky. Gale sweeps up Bruni, happily, and they dance together. Anna and Kristoff look up as the mist clears. She did it. She is too exhausted and **grieving** to do much more than **sink into** Kristoff's arms.

**<u>ANNA</u>**  I'm sorry I left you behind. I was just so desperate to protect her.

**<u>KRISTOFF</u>** I know, I know. It's okay. My love is not **fragile**.

외부. 마법의 숲 – 낮
바위 거인들과 불의 정령이 고개를 돌려 하늘이 정령들의 색으로 밝아지는 것을 본다. 폭포 뒤에서, 올라프의 눈더미가 반짝거린다.

내부. 아토할란 – 낮
엘사가 마법처럼 녹는다. 빙하가 갈라지며 열린다. 그녀가 바다로 떨어진다. 물의 정령이 그녀를 발견한다.

외부. 피오르 – 낮
물이 피오르 밑으로 쏟아져 내린다.

외부. 아렌델 위의 높은 절벽들 – 낮
아렌델 인들이 트롤들과 함께 절벽 위의 전망대로 걸어온다. 그들이 파도가 궁전 쪽으로 밀려드는 것을 본다.

외부. 아렌델 궁전 – 낮
파도가 우리의 소중한 아렌델을 휩쓸어 가려고 하는 그 순간— 엘사가 물의 정령을 타고 파도의 꼭대기에 서 있다. 그들이 파도를 타고 질주해 내려오며 파도를 뒤앞으며 질주한다. 그들이 뒤돌아서 파도를 마주하고, 엘사가 양팔을 높이 들어 마법의 장벽을 만드는데, 그것이 너무나도 아름답고 강력하다. 파도 따위는 적수가 되지 않는다. 그리고 그녀와 말이 더 깊은 마법의 파도를 만들어서 강물을 진정시켜 파도를 잠재운다. 아렌델 인들이 안도하며 환호한다. 그러고는, 엘사 위로 바람이 아렌델을 찾아온다. 깃발들이 나부낀다. 강물이 돌아온다. 폭포들이 다시 흐른다. 길거리들은 파장을 멈춘다. 등불들에 다시 불이 들어온다.

외부. 노델드라 숲
안개가 걷히기 시작한다. 거인들이 기뻐하며 하늘을 올려다본다. 게일이 브루니를 기쁘게 들어 올리고 그들이 함께 춤을 춘다. 안나와 크리스토프가 안개가 걷히는 모습을 올려다본다. 그녀가 해냈다. 그녀는 너무 지치고 슬퍼서 크리스토프의 팔에 안겨 있는 것 외에는 아무것도 할 수가 없다.

**<u>안나</u>** 널 두고 가서 미안해. 난 어떻게든 엘사를 지켜야 한다는 생각밖에 없었어.

**<u>크리스토프</u>** 알아, 알아, 괜찮아. 내 사랑은 쉽게 허물어지지 않아.

---

magically 불가사의하게, 마법적으로
thaw 녹다, 해동하다
crack open 소리 내며 열리다/벌어지다
overlook 주변 경관을 볼 수 있는 높은 곳
beloved (대단히) 사랑하는, 총애 받는
crest 꼭대기/정상에 이르다
barrier 장벽, 장애물
be동사 + no match for ~을 당할 수 없다

cheer in relief 안심하며, 안도하고
ripple 잔물결을 이루다, 파문을 일으키다
grieving 비통해하는
sink into ~으로 가라앉다, (어떤 감정에) 빠져들다
fragile 부서지기 쉬운, 취약한, 섬세한

She leans into him, so **grateful**. He holds her tighter. Northuldra and Arendellians are **bathed in bright light**. Ryder turns his face up to a crystal blue sky for the first time in his life.

**RYDER**     Wow. Look at the sky.

Honeymaren **nudges** Ryder, who fights emotion.

**RYDER**     I just didn't realize there was so much of it.

Mattias and Yelana look up to the sky.

**MATTIAS**     Thirty-four years…

**YELANA**     Five months.

**MATTIAS**     And twenty-three days.

And for the first time, Yelana and Mattias no longer look at each other as enemies. He offers a gentleman's arm and **escorts** her out of the forest.

EXT. EDGE OF NORTHULDRA FOREST – MOMENTS LATER
Anna, Kristoff, Honeymaren and Ryder watch as the reindeer run out through the monoliths and into a clearing, forming a giant reindeer circle. Northuldra children run after them, and finally Sven can't help but join in as well. Anna now stands a bit alone, **processing**. Not able to share the same joy as those around her. But then– Gale sweeps around Anna, and holds up the **unity** symbol of the spirits. Then Gale sweeps the symbols away. Confused, Anna following Gale to the edge of the fjord. She leans forward and squints into the distance. Sees something. Could it be? It's the Water Horse carrying Elsa. Anna's eyes widen. She scrambles down the rock **ledge**. The Water Horse washes Elsa onto the shore. She **stands glistening, tall**, and **ethereal**. Anna stops short, looking at her.

**ANNA**     Is it really you?

---

그녀가 정말 고마워하며 그에게 기댄다. 그가 그녀를 꼭 안는다. 노덜드라 인들과 아렌델 인들이 내리쬐는 햇볕을 즐기고 있다. 라이더는 고개를 들어 그의 인생 처음으로 따란 수정 같은 하늘을 본다.

**라이더**  우와, 하늘 좀 봐.

허니마린이 감격스러워하는 라이더를 팔꿈치로 쿡 찌른다.

**라이더**  하늘이 저렇게까지 큰 줄 몰랐네.

매티어스와 옐레나가 하늘을 올려다본다.

**매티어스**  34년…

**옐레나**  5개월.

**매티어스**  그리고 23일 만이네.

그리고 처음으로 옐레나와 매티어스가 더 이상 서로를 적으로 보지 않는다. 그가 신사의 팔을 내밀며 그녀를 숲 밖으로 안내한다.

외부, 노덜드라 숲의 가장자리 – 잠시 후
안나, 크리스토프, 허니마린, 그리고 라이더가 순록들이 고대 거석들 사이로 달려 나가 빈터에서 거대한 순록 원을 만드는 모습을 바라본다. 안나가 잠시 홀로 서서 생각에 잠긴다. 그녀는 여기에 있는 사람들과 기쁨을 함께할 수가 없다. 하지만 그때– 게일이 안나 주변으로 불어와서 정령들의 통일제 상징을 들고 있다. 그리고는 게일이 상징들을 사라지게 한다. 혼란스러워하며 안나가 게일을 따라 피오르 가장자리로 간다. 그녀가 앞으로 몸을 기울이며 눈을 찡그리며 저 먼 곳을 바라본다. 뭔가가 보인다. 설마? 물의 정령이 엘사를 태우고 오고 있다. 안나의 눈이 휘둥그레진다. 그녀가 바위를 타고 허둥지둥 내려온다. 물의 정령이 엘사를 씻기듯이 해안 위로 내려놓는다. 그녀가 반짝반짝 빛을 내며, 당당하게, 천상의 우아한 자태로 서 있다. 안나가 그녀를 보고 멈춰 선다.

**안나**  진짜 언니야?

---

grateful 고마워하는, 감사하는
bathe in bright light 밝은 빛 아래서 일광욕하다, 햇볕을 쬐다
nudge (팔꿈치로 살짝) 쿡 찌르다
escort 에스코트/호위하다
process 가공/처리하다, (생각을) 정리하다
unity 통합, 통일, 일치
ledge 절벽에서 튀어나온 바위, 선반
stand tall 사신만만애/씩씩해 보이다

glisten 반짝이다, 번쩍거리다, 번들거리다
ethereal 〈격식〉 지극히 가볍고 여린

Elsa **nods** and holds her arms out to Anna.

엘사가 고개를 끄덕이고 안나에게 팔을 내민다.

ELSA      Anna.

엘사 안나.

Anna rushes to her, sobbing. They hug tightly.

안나가 흐느끼며 그녀에게로 달려간다. 두 자매가 서로를 꼭 껴안는다.

바로 이장면!*

ANNA      I thought I'd lost you!

안나 언니를 잃은 줄 알았어!

ELSA      Lost me? You saved me. Again!

엘사 나를 잃었다고? 네가 나를 구했어. 또다시!

ANNA      (sobbing more) I did?

안나 (더욱 흐느끼며) 내가?

ELSA      And, Anna, Arendelle did not fall.

엘사 그리고, 안나, 아렌델은 무너지지 않았어.

ANNA      (sobbing **even more**) It didn't?

안나 (더더욱 흐느끼며) 안 무너졌다고?

ELSA      The spirits all agreed. Arendelle deserves to stand with you.

엘사 모든 정령들이 동의했어. 아렌델은 너와 함께 서 있을 자격이 있다고.

Anna **wipes snot** on her hand, **snorts**.

안나가 콧물을 손으로 닦아내고, 킁한다.

ANNA      Me?

안나 나?

ELSA      You did what was right, for everyone.

엘사 넌 옳은 일을 했어, 모두를 위해.

Anna smiles **appreciative**, then starts to calm.

안나가 고마움의 미소를 짓는다. 그리고 진정하기 시작한다.

ANNA      Did you find the fifth spirit?

안나 다섯 번째 정령은 찾았어?

Elsa smiles.

엘사가 미소 짓는다.

ANNA      Oh. You are the fifth spirit. You are the bridge.

안나 오. 언니가 다섯 번째 정령이구나. 언니가 그 다리였어.

---

nod 끄덕이다

even more 더더욱

wipe 닦다, 훔치다, 지우다

snot 〈비격식〉 콧물

snort 코웃음을 웃다/치다, 콧방귀를 끼다

appreciative 고마워하는, 감탄하는

| ELSA | Well, actually, a bridge has two sides. And Mother had two daughters. (off Anna's **realization**) We did this together. And **we'll continue to do this together.**❶ | 엘사 음, 그런데 말이지, 다리는 양쪽이 있는 거야. 그리고 어머니에겐 두 딸이 있었고. (안나의 알아채는 표정을 보고) 우린 이 일을 함께한 거야. 그리고 앞으로도 계속 함께할 거고. |
|---|---|---|

Anna **presses** her forehead against Elsa's.

안나가 자신의 이마를 엘사의 이마에 대고 누른다.

| ANNA | Together. | **안나** 함께 |
|---|---|---|

As they smile—

그들이 미소 짓는데—

KRISTOFF (O.S.) Elsa, you're okay!

크리스토프 (화면 밖) 엘사, 무사했네요!

---

realization 깨달음, 자각
press 누르다, 바짝 대다

❶ **We'll continue to do this together.**
앞으로도 계속 함께할 거야.
continue는 to부정사와 동명사를 취하는 동사 중 하나죠. continue to는 순간적으로 상황이 멈춘 상태에서 다시 이어지는 의도(재개)가 강하고, continue -ing는 계속 진행되는 상황(유지)을 표현합니다.

# An Emotional Reunion
감동적인 재회

🎧 29.mp3

They turn as Kristoff and Sven head down the slope, **thrilled to see Elsa**. She **opens her arms to** Kristoff. He hugs her. As he **pulls away**, he **looks her over** quickly, confused.

크리스토프와 스벤이 엘사를 보고 신이 나서 비탈을 내려올 때 그들이 돌아선다. 엘사가 크리스토프를 향해 팔을 벌린다. 그가 그녀를 포옹한다.

**KRISTOFF** You look different; **did you cut your hair or something?**[1]

크리스토프 달라 보여요; 머리를 자르거나 뭐 그런 건가요?

**ELSA** (petting a happy Sven) ... Or something.

엘사 (기뻐하는 스벤을 쓰다듬으며) ... 뭐 그런 거.

**KRISTOFF** Oh.

크리스토프 오.

Elsa then looks around, then looks at Anna sadly.

엘사가 주변을 둘러보다가 슬픈 표정으로 안나를 바라본다.

**ELSA** Anna, I need to ask you a question.

엘사 안나, 너에게 물어볼 게 있어.

**ANNA** Okay.

안나 응.

**ELSA** Do you want to build a snowman?

엘사 눈사람 만들고 싶니?

**ANNA** What?

안나 뭐라고?

Anna looks at her questioningly as Elsa smiles and then closes her eyes. Gale sweeps off.
AT THE WATERFALL: we see Gale sweep out from behind it with Olaf's snowflakes.
BACK ON THE EDGE OF THE FJORD: Elsa smiles as Gale sweeps over the rise with the snowflakes. The snowflakes sweep behind Elsa and Anna. Then Elsa uses her magic and **reforms** Olaf.

안나가 미심쩍게 그녀를 바라보는데 엘사가 미소를 짓다 두 눈을 감는다. 게일이 붙어온다.
폭포에서: 게일이 폭포 뒤에서 올라프의 눈송이들을 가지고 붙어온다.
다시 피오르 끝에서: 게일이 눈송이들을 가지고 오르막 위로 불고 엘사가 미소 짓는다. 눈송이들이 엘사와 안나 뒤로 스치며 지나간다. 그리고 엘사가 마법으로 올라프를 다시 만든다.

**ELSA** Thank goodness water has memory.

엘사 물이 기억을 가지고 있어서 참 다행이야.

---

be동사 + thrilled to 흥분된, 신이 난
open one's arms to 두 팔을 활짝 벌리다
pull away 움직이기 시작하다, 떠나다
look somebody/something over ~을 살펴보다
reform 개혁/개선하다, 다시 형성하다

**❶ Did you cut your hair or something?**
머리 자르거나 뭐 그런 비슷한 거 했니?
머리를 잘랐냐고 물어볼 때 주로 쓰는 표현은 Did you get a haircut? 이에요. 위 표현의 경우에는 '네 머리 (직접) 잘랐니?'라는 뉘앙스가 있답니다. or something은 구어체에서 '(아니면) 뭐 그런 비슷한 거'라는 뜻으로 쓰이는 표현이고요.

Anna **rummages through** her **ruck-sack** and pulls out the carrot, sticks, and coal. As she finishes putting them back in their **rightful** place, Olaf's little eyes flutter open.

안나가 자기 배낭을 뒤지더니 당근, 막대기들, 그리고 석탄을 꺼낸다. 그녀가 그것들을 제자리에 꽂아 넣고 나니 올라프의 작은 두 눈이 깜박깜박하며 떠진다.

### 바로 이장면!*

| | | |
|---|---|---|
| OLAF | Anna? Elsa? Kristoff and SVEN! You all came back! | 올라프 안나? 엘사? 크리스토프와 스벤 모두들 돌아왔구나! |

Elsa and Anna hug him, relieved. Sven **nuzzles** him, goes to bite his carrot. Olaf giggles.

엘사와 안나가 안도하며 그를 껴안는다. 스벤이 그에게 코를 비벼대다가 그의 당근을 베어 물으려고 한다. 올라프가 키득거린다.

| | | |
|---|---|---|
| OLAF | Oh, I love happy endings, I mean, I **presume** we're done. Or is this putting-us-in-**mortal-danger**-situation gonna be a regular thing? | 올라프 오, 난 해피엔딩이 너무 좋더라. 그런데, 우리 다 끝난 거겠지. 아니면 우리를 치명적으로 위험한 상황에 처하게 하는 게 앞으로도 주기적으로 있을 예정인가? |
| ELSA | No, we're done. | 엘사 아니, 우리 모두 끝났어. |
| KRISTOFF | (O.S.) Actually, there is one more thing. | 크리스토프 (화면 밖) 실은, 한 가지가 아직 남았는데. |

REVEAL: Kristoff is kneeling before Anna, Anna stumbles back in shock.

크리스토프가 안나 앞에서 무릎을 꿇고, 안나는 깜짝 놀라며 뒤로 휘청거린다.

| | | |
|---|---|---|
| KRISTOFF | Anna, you are the most **extraordinary** person I've ever known. I love you with all I am. **Will you marry me?**❶ | 크리스토프 안나, 넌 내가 아는 사람 중에 가장 특별한 사람이야. 내 모든 걸 다 바쳐서 널 사랑해. 나와 결혼해 줄래? |

Anna's face collapses into a teary mess.

안나의 얼굴이 눈물범벅이 되며 얼룩진다.

| | | |
|---|---|---|
| ANNA | Yes! | 안나 응! |

As Kristoff puts the ring on Anna— Sven collapses into a **teary** mess, too. Kristoff sweeps Anna into the air then kisses her.

크리스토프가 안나에게 반지를 끼워준다— 스벤도 눈물범벅이 되어 망가진다. 크리스토프가 안나를 공중으로 들어 올리며 키스한다.

| | | |
|---|---|---|
| OLAF | Awww. | 올라프 아우우. |

---

rummage through ~을 샅샅이 뒤지다
ruck-sack 배낭 (= backpack)
rightful 〈격식〉 적법한, 정당한, 올바른
nuzzle (애정 표시로) 코/입을 비비다
presume 추정하다, 여기다, 간주하다
mortal 치명적인, 대단히 심각한
extraordinary 놀라운, 비범한, 대단한
teary 눈물이 글썽한

❶ **Will you marry me?**
저와 결혼해 줄래요?
청혼할 때 꼭 쓰는 표현이에요. 영어권 사람들은 거의 모든 사람이 청혼할 때는 이 표현으로 물어본답니다. 정해진 표현이니 토씨 하나도 바꾸면 안 돼요.

**ALL OF A SUDDEN**, a **shadow** comes over the rise. Everyone looks up, on guard. It's the giants. One leans down towards them. Elsa smiles, **reassuringly**. She takes Anna's hand and leads her over to the GIANT. Elsa and Anna nod to it, **respectfully**. The giant nods back to them. Elsa and Anna touch its nose, sweetly.

FOREST ENTRANCE: Mattias and a soldier greet Anna.

**ANNA**　　　　Arendelle's okay.

**MATTIAS**　　　What?

Nearby Elsa stands with Honeymaren and Yelana.

**ELSA**　　　　Ahtohallan is beautiful.

Bruni suddenly runs Elsa's dresses cuddles in her hand.

**ELSA**　　　　(laughs) Oh, hello.

**HONEYMAREN**　You know, you **belong** up here.

**ELSA**　　　　I **took an oath** to always do what's best for Arendelle.

**ELSA**　　　　(smiles) **Luckily**, I know just what that is.

She looks over to: ANNA turns away from Mattias, Kristoff, and Olaf to meet her sister's eyes.

**OLAF**　　　　(O.S.) While I still don't know what transformation means, I feel like this forest has really changed us all.

As we pull away from the forest, the monoliths stand strong. In the center of them, Anna and Elsa come together for one more hug.

갑자기, 오르막 쪽에서 그늘이 드리운다. 모두 경계하며 올려다본다. 거인들이다. 그중 하나가 그들을 향해 몸을 기울인다. 엘사가 안심시키며 미소 짓는다. 그녀가 안나의 손을 잡고 그녀를 거인에게로 이끈다. 엘사와 안나가 그것에게 정중하게 고개를 숙인다. 거인도 그들에게 고개를 숙인다. 엘사와 안나가 다정하게 그것의 코를 만진다.

숲 입구: 매티어스와 한 병사가 안나에게 인사한다.

**안나** 아렌델은 괜찮아요.

**매티어스** 뭐라고요?

근처에서 엘사가 허니마린과 옐레나와 함께 서 있다.

**엘사** 아토할란은 정말 아름다워요.

브루니가 갑자기 엘사의 손 위로 뛰어오른다.

**엘사** (웃으며) 오, 안녕.

**허니마린** 있죠, 당신은 여기 있어야 해요.

**엘사** 난 항상 아렌델을 위해 최선인 것을 하겠노라고 맹세했어요.

**엘사** (미소 지으며) 운이 좋게도, 난 그게 무엇인지 알 것 같아요.

그녀가 바라본다: 안나가 매티어스, 크리스토프, 그리고 올라프에게서 고개를 돌려 언니와 눈을 맞춘다.

**올라프** (화면 밖) 난 여전히 변화가 무엇을 의미하는지 잘 모르겠지만, 이 숲이 우리 모두를 정말 변화시킨 것만 같아.

숲이 점점 멀어지는 가운데 고대 거석들이 당당하게 서 있다. 가운데서 안나와 엘사가 한 번 더 포옹하려고 만난다.

---

all of a sudden 갑자기 (= suddenly)

shadow 그림자, 어둠, 그늘

reassuringly 안심시키게

respectfully 공손하게, 정중하게

belong ~에 속하다, 제자리에 (알맞은 위치에) 있다

take an oath 선서하다, 맹세하다

luckily 운 좋게, 다행히도

# The Things We Do for Love
사랑을 위해 우리가 할 일

🎧 30.mp3

EXT. ARENDELLE, TOWN SQUARE – DAY
Kai, the Royal **Handler**; stands outside a royal tent. TRUMPETS SOUND.

외부, 아렌델, 마을 광장 – 낮
카이, 국왕의 참모가 왕족 막사 밖에 서 있다. 트럼펫 소리.

KAI     **Presenting** Her Majesty, Queen Anna of Arendelle.

카이   여왕 폐하를 소개합니다. 아렌델의 안나 여왕.

Anna steps out, **nervous**, excited, **majestic**. The town cheers. Her face lights up with **gratitude** and love. She steps down and moves through the crowd.

안나가 긴장되고 흥분된 표정으로 위풍당당하게 밖으로 나선다. 온 마을이 환호한다. 그녀의 얼굴이 감사와 사랑으로 빛이 난다. 그녀가 계단을 내려와 군중 사이로 움직인다.

ANNA     Hi! Hello.

안나   안녕! 안녕하세요.

She sees Sven, who wears a tie.

그녀가 타이를 매고 있는 스벤을 본다.

ANNA     Sven, don't you look nice—

안나   스벤, 정말 멋있다—

Sven gives a **suave** pose. She hears a throat clear, nearby, turns to see—

스벤이 정중한 포즈를 취한다. 그녀가 근처에서 헛기침 소리를 듣고 그쪽으로 몸을 돌린다—

ANNA     Oh my goodness, OLAF!

안나   오 이런 맙소사, 올라프!

REVEAL; Olaf is **dressed in formal**, **tight-fitting** clothes. The twigs on his head have been **repositioned** like a **comb-over**.

드러난다; 올라프가 몸에 딱 달라붙는 정장을 입고 있다. 그의 머리 위에는 잔가지들로 머리를 올려 빗은 스타일로 꾸며져 있다.

OLAF     **Charmed**, I'M SURE.

올라프   반했다고, 분명히.

Anna laughs.

안나가 웃는다.

ANNA     Charming.

안나   매력적이네.

KRISTOFF     (O.S.S.) Your Majesty.

크리스토프   (뒷모습만 비추며) 폐하.

---

handler 취급/처리하는 사람, 조언자, 참모
present (정식으로) 소개하다
nervous 불안해/초조해하는, 긴장한
majestic 장엄한, 위풍당당한
gratitude 고마움, 감사
suave 정중한, 상냥한
dress in formal clothes 정장을 입다
tight-fitting 몸에 딱 맞는, 쪼이는

reposition ~의 위치를 바꾸다
comb-over 대머리를 가리기 위한 머리 스타일
charmed 매혹된, 마법에 걸린
O.S.S. 〈영화 용어〉 카메라가 등 뒤에서 배우의 어깨만 비추는 촬영기법
(= over the shoulder shot)

REVEAL: Kristoff standing next to Olaf in the most **formal formals**. He's almost **unrecognizable** with his **slicked-back hair** and **polish**. Anna's even more shocked.

드러난다: 크리스토프가 대단히 격식을 차린 정장을 입고 올라프 옆에 서 있다. 머리에 윤기가 줄줄 흐르는 올백 스타일로 그가 누구인지 거의 알아볼 수 없을 정도다. 안나는 더욱 깜짝 놀랐다.

**바로 이장면!**

**ANNA**　Kristoff…?

안나 크리스토프…?

She then looks at all three of the boys.

그리고 그녀가 그 남자 셋을 모두 바라본다.

**ANNA**　AWWWW, did you boys get all **dressed up** for me?

안나 아우, 너희들 모두 나를 위해서 이렇게 차려 입은 거야?

**OLAF**　It was Sven's idea.

올라프 스벤의 아이디어였어.

**KRISTOFF** One hour. You get this for one hour.

크리스토프 한 시간. 딱 한 시간만 누릴 수 있는 거야.

**ANNA**　That's okay. I **prefer** you in **leather** anyway.

안나 괜찮아. 어차피 난 네가 가죽옷 입은 모습이 더 좋으니까.

She **ruffles** his hair, kisses his cheek. He smiles. As Anna goes, we see Olaf is **naked** again. He shakes his twigs back into their **proper** position.

그녀가 그의 머리를 헝클어뜨리고 그의 뺨에 키스 한다. 그가 미소 짓는다. 안나가 떠나자, 올라프가 다시 벗은 모습이다. 그가 몸을 흔들어 다시 잔가 지들을 제자리로 돌려놓는다.

**OLAF**　I'm shocked you can last an hour. That was brutal. (as he follows Anna) The things we do for love.

올라프 한 시간이나 버틸 수 있다니 충격적이네. 너무 잔인해. (그가 안나를 따라가면서) 사랑을 위해 하는 일들이란 정말이지 대단해.

UP AHEAD; Anna approaches Mattias who stands with HALIMA, looking at something he holds, **astonished**.

앞쪽에: 놀란 표정으로 뭔가를 들고 헬리마와 함께 서 있는 매티어스에게 안나가 다가간다.

**MATTIAS** What is this crazy magic called again?

매티어스 이 미친 마법이 뭐라고 했지?

**HALIMA** A photograph.

헬리마 사진.

**MATTIAS** Photograph. Huh.

매티어스 사진이라. 거 참.

---

formal 형용사: 공식적인, 정중한 (명사: 무도회, 야회복)

unrecognizable 알아볼 수 없는, 몰라볼 정도의

slicked-back hair 젤을 발라서 올백으로 넘긴 머리

polish 광택제, (기교의) 세련, 품위

dressed up 정장으로 차려입은

prefer 선호하다

leather 가죽

ruffle (반반한 표면을) 헝클다

naked 벌거벗은

proper 적절한, 제대로 된

astonished 깜짝/크게 놀란

We see it's a photograph of Mattias and Halima, standing awkward, without smiles (like in old photos).

**MATTIAS**  We look good.

매티어스와 헬리마가 웃지도 않고 어색하게 서 있는 사진이 보인다 (마치 옛날 사진들처럼).

**매티어스**  우리 꽤 괜찮아 보이네.

---

Anna greets them.

안나가 그들에게 인사한다.

**ANNA**  Halima. General Mattias.

**안나**  헬리마. 매티어스 장군.

Mattias **snaps to attention**.

매티어스가 재빨리 차렷 자세를 취한다.

**MATTIAS**  Your Majesty.

**매티어스**  폐하.

He takes Anna's arm. Hands Halima the photograph.

그가 안나의 팔을 잡는다. 헬리마에게 사진을 건넨다.

**MATTIAS**  **I'll be right back.**❶ You can look at our photograph while I'm gone. (laughing) I'm just kidding.

**매티어스**  금방 돌아올게. 내가 떠나있는 동안 우리 사진 보고 있으라고. (웃으며) 농담이야.

He keeps giggling, **lovesick**. He looks at Anna, so happy, as he escorts Anna up the steps of a **platform**.

그가 상사병에 걸린 듯 계속 히죽거린다. 그가 연단의 계단으로 안나를 호위하며 무척 행복한 표정으로 안나를 바라본다.

**MATTIAS**  How am I doing?

**매티어스**  제가 잘하고 있나요?

**ANNA**  Fantastic.

**안나**  엄청나게요.

In the center of the platform a curtain covers something large. Mattias and Anna pull the **cords**. The curtain falls, revealing a sculpture in bronze of YOUNG IDUNA and YOUNG AGNARR holding hands. The crowd cheers. **Tears well in Anna's eyes**.

연단 중앙에 막 하나가 뭔가 큰 것을 덮고 있다. 매티어스와 안나가 줄을 잡아당긴다. 막이 아래로 떨어지자 어린 이두나와 어린 아그나르가 손을 잡고 있는 청동 조각상이 모습을 드러낸다. 군중이 환호한다. 안나의 두 눈에 눈물이 고인다.

**ANNA**  Our lands and people are now connected by love.

**안나**  우리의 땅과 시민들이 이제 사랑으로 연결되었네요.

Gale suddenly sweeps around Anna.

게일이 갑자기 안나 주변으로 불어온다.

---

snap to attention 잽싸게 차려 자세를 취하다
lovesick 상사병에 걸린
platform 플랫폼, 단, 연단, 강단
fantastic 환상적인, 엄청난, 굉장한
cord 줄, 현
tears well (up) in someone's eyes 눈물이 솟다

❶ **I'll be right back.**
금방 돌아올게.
상대방에게 다시 돌아오겠다고 말하고 잠시 자리를 뜨는 경우에, I'll be back. 이라고 말해요. 화장실을 가거나 전화 통화하러 갔다가 금방 다시 돌아오겠다고 말할 때는 back 앞에 right를 넣어서 짧은 시간을 강조하여 I'll be right back! 이라고 한답니다.

149

**ANNA**    Hi, Gale. You like it? Oh! **Do you mind?**❶ I've got a message for my sister.

Gale **twirls**. It doesn't mind, Anna pulls out a note, **folded into** a bird shape. Gale takes it. Sweeps off. We lift up away from Arendelle, fly out of the village, over the snowy fjords. The note and Gale disappear into the clouds. They reappear at the edge of—

EXT. THE ENCHANTED FOREST – DAY
Much further north, the forest is already **blanketed** with snow. Elsa catches the flying note. Behind her we see the Northuldra's encampment full of **folk**.

**ELSA**    Thank you.

Elsa reads the note, Bruni stands on her arm reading it, too.

**ELSA**    Charades Friday night. Don't be late. And don't worry, Arendelle's doing just fine. Keep looking after the forest, I love you. I love you, too, Sis.... Hey Gale! We're **going for a ride**. Want to come?

Bruni jumps off Elsa's arm. Gale sweeps past Elsa to the Water Horse who rises up out of the nearby river.

**ELSA**    (to the Water Horse) You ready?

Elsa touches the Water Horse with her hands and sends a rush of magic through it, turning the Water Spirit into a mix of ice and snow. Its mane freezes into ribbons of ice crystals. They touch foreheads, **fondly**. The now Ice Horse is able to step onto land. It jumps around, happily, **playfully**.

**안나**  안녕, 게일. 맘에 드니? 오! 괜찮겠니? 언니한테 전할 말이 있는데.

게일이 빙빙 돈다. 괜찮다고 한다. 안나가 새 모양으로 접힌 쪽지를 꺼낸다. 게일이 그것을 받아 든다. 휙 날아간다. 우린 이제 아렌델에서 위로 벗어나면서 마을 위를 날아서 눈이 덮인 피오르를 넘어간다. 안나의 쪽지와 게일이 구름 속으로 사라진다. 그들이 다시 한쪽에서 나타난다 –

외부. 마법의 숲 – 낮
저 멀리 북쪽에서 숲은 이미 눈으로 뒤덮여 있다. 엘사가 날고 있는 쪽지를 잡는다. 그녀의 뒤로 사람들로 가득 찬 노딜드라의 진영이 보인다.

**엘사**  고마워.

엘사가 쪽지를 읽는데, 브루니가 그녀의 팔에 서서 함께 읽는다.

**엘사**  몸짓 게임은 금요일 밤이야. 늦지 마. 그리고 걱정 안 해도 돼, 아렌델은 정말 잘 있으니까. 계속 숲을 보살펴 줘, 사랑해. 나도 사랑해, 동생아… 게일! 우리 드라이브 가자. 너도 같이 갈래?

브루니가 엘사의 팔에서 뛰어내린다. 게일이 엘사를 지나 근처 강에서 일어나 올라오는 물의 정령 쪽으로 날아간다.

**엘사**  (물의 정령에게) 준비됐니?

엘사가 손으로 물의 정령을 만지며 그에게 마법을 전하자 물의 정령이 얼음과 눈의 혼합제로 변한다. 말의 갈기가 얼음 결정체의 리본들이 되어 얼어붙는다. 그들이 애정을 듬뿍 담아 서로의 이마를 만진다. 이제 얼음으로 변한 말이 땅으로 올라올 수 있게 되었다. 말이 기뻐하며 장난스럽게 뛰어다닌다.

---

twirl 빙글빙글 돌다

fold into 접어서 ~을 만들다

blanket (눈. 안개 등이) 짙게 드리운 (~의 장막)

folk 〈비격식〉 (일반적인) 사람들

go for a ride 승마/드라이브 따위를 하러 가다

fondly 애정을 듬뿍 담아, 정답게

playfully 장난스럽게, 졸랑졸랑

❶ **Do you mind?**
괜찮겠니?
이 표현은 상대방에게 '~해도 괜찮을까요?'라고 물으며 허락이나 양해를 구할 때 쓰기도 하지만, 때로는 상대방이 방금 한 말이나 행동에 대해 짜증스러움을 나타내며 크게 외치는 소리로 '이것 보세요!', '조심 좀 해요!'라는 뜻으로 쓰기도 한답니다.

## EXT. ENCHANTED FOREST – DAY

Elsa rides the Ice Horse through the trees. She passes Honeymaren and Ryder, who are **busy herding** reindeer. She waves to them. They wave back. She runs up the arm of an **awaiting** giant, who lifts her to higher ground. Bruni runs through the trees, **eagerly lapping up** the snowflakes that Elsa creates. Elsa forms a snow pile for Bruni to jump into. Bruni disappears into the pile, happily.

## EXT. FROZEN, DARK SEA – DAY

Elsa and the Ice Horse break through the forest and ride across the frozen sea. They head toward Ahtohallan **on the horizon**. Elsa, free and **in her element**, takes a deep breath and **picks up the pace**.

## THE END

외부. 마법의 숲 – 낮

엘사가 나무들 사이로 얼음 말을 타고 간다. 그녀가 순록 몰이하느라 바쁜 허니마린과 라이더 옆을 지나간다. 그녀가 그들에게 손을 흔든다. 그들이 화답하며 함께 손을 흔든다. 그녀가 기다리고 있는 거인의 팔을 타고 달려 올라가고, 거인이 그녀를 더 높은 지대로 올려준다. 브루니가 나무 사이를 뛰어다니며 엘사가 만들어주는 눈송이들을 열심히 덥석 물어댄다. 브루니가 뛰어 들어갈 수 있도록 엘사가 눈더미를 만들어준다. 브루니가 행복해하며 그 속으로 사라진다.

외부. 얼어붙은 어둠의 바다 – 낮

엘사와 얼음 말이 숲을 헤치고 나와 얼어붙은 바다 위를 가로지른다. 그들이 수평선 위에 있는 아토할란 쪽으로 향한다. 엘사가 자유롭게 마음껏 숨을 깊게 들이쉬고 속력을 올린다.

끝

---

busy doing something ~하느라 바쁜

herd (특정 방향으로) 이동하다, (짐승을) 몰다

await 기다리다

eagerly 열망하여, 열심히, 간절히

lap something up (기분 좋게) ~을 다 먹다/마시다, ~을 선뜻/덥석 받아들이다

on the horizon 지평선/수평선에

free 자유로운, 자기 하고 싶은 내로 이는

in one's element 자기 뜻대로 할 수 있는 처지에서, 전혀 거리낌 없이, 마음껏

pick up the pace 속도를 올리다

# 스크린 영어 리딩 –
## 어벤져스, 에이지 오브 울트론, 인피니티 워

케일린 신 번역 및 해설
524면 | 16,000원

박민지 번역 및 해설
296면 | 14,000원

박민지 번역 및 해설
520면 | 16,000원

**구성** | ·영화를 소설화한 **원서 영한대역** ·단어장과 표현 설명 **워크북**

## 국내 유일! 〈어벤져스〉 원서 수록

영어 고수들이 추천하는 최고의 영어 학습법, 원서 읽기!
영화만큼 흥미진진한 〈어벤져스〉 원서로 책장 넘어가는 짜릿함을 느낀다!

**난이도**  첫걸음 | 초급 | 중급 | 고급          **목표** 원서 한 권 완독하기

**대상** 원서 읽기로 영어 실력을 향상하고 싶은 독자

# 30장면으로 끝내는
# 스크린 영어회화 – 알라딘

**국내 유일 ! 〈알라딘〉 전체 대본 수록 !**

아그라바 왕국에서 펼쳐지는 마법 같은 모험!
〈알라딘〉의 30장면만 익히면 영어 왕초보도 영화 주인공처럼 말할 수 있다!

| 난이도 | 첫걸음 | 초급 | 중급 | 고급 | | 기간 | 30일 |
|---|---|---|---|---|---|---|---|

**대상**  영화 대본으로 재미있게
영어를 배우고 싶은 독자

**목표**  30일 안에
영화 주인공처럼 말하기

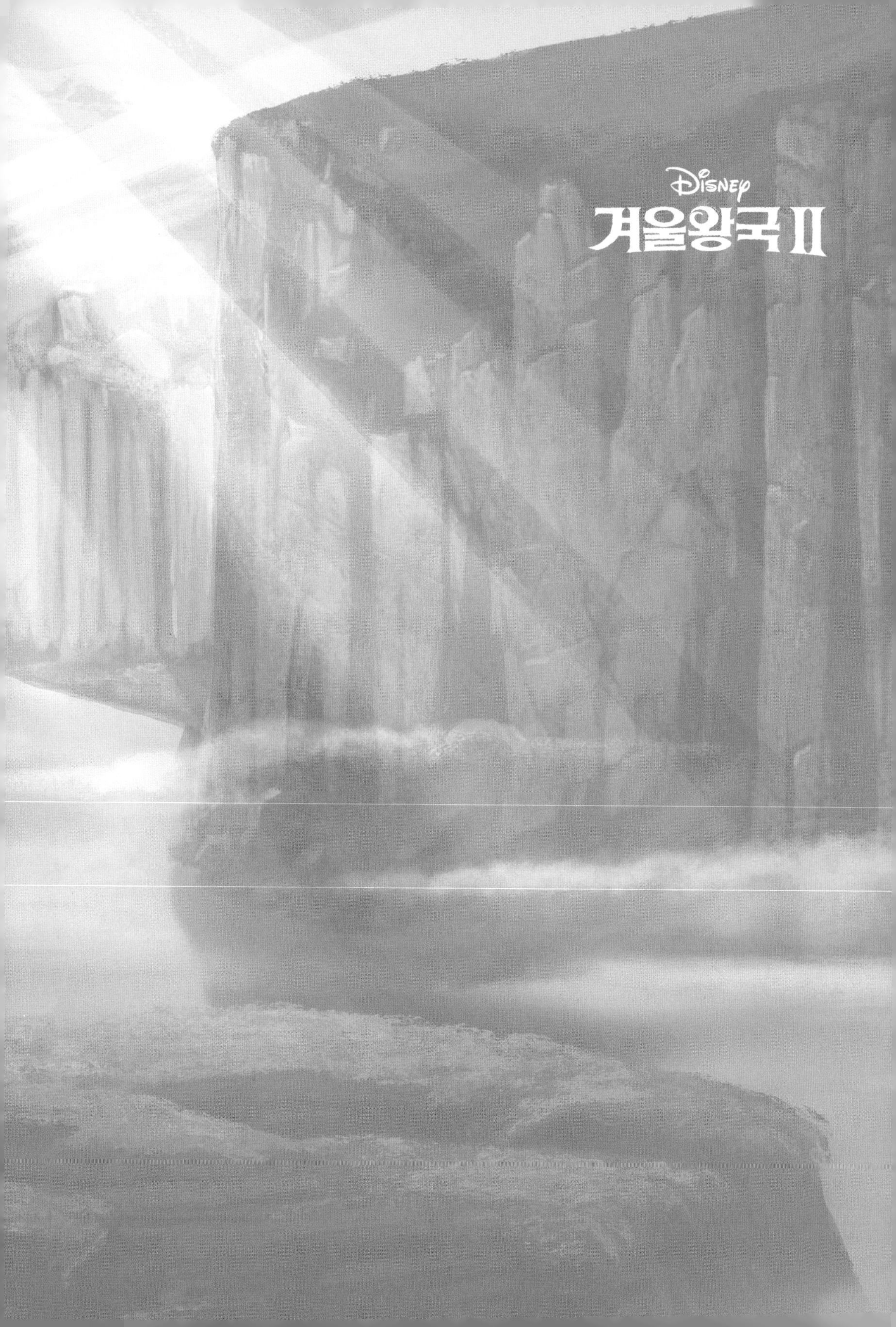
DISNEY
겨울왕국 II